DIREITO ADMINISTRATIVO

TEMAS ATUAIS E RELEVANTES

JULIANA TÔRRES DE VASCONCELOS
BEZERRA CAVALCANTI

Coordenadora

DIREITO ADMINISTRATIVO

TEMAS ATUAIS E RELEVANTES

Belo Horizonte

2021

© 2021 Editora Fórum Ltda.

É proibida a reprodução total ou parcial desta obra, por qualquer meio eletrônico, inclusive por processos xerográficos, sem autorização expressa do Editor.

Conselho Editorial

Adilson Abreu Dallari
Alécia Paolucci Nogueira Bicalho
Alexandre Coutinho Pagliarini
André Ramos Tavares
Carlos Ayres Britto
Carlos Mário da Silva Velloso
Cármen Lúcia Antunes Rocha
Cesar Augusto Guimarães Pereira
Clovis Beznos
Cristiana Fortini
Dinorá Adelaide Musetti Grotti
Diogo de Figueiredo Moreira Neto (*in memoriam*)
Egon Bockmann Moreira
Emerson Gabardo
Fabrício Motta
Fernando Rossi
Flávio Henrique Unes Pereira

Floriano de Azevedo Marques Neto
Gustavo Justino de Oliveira
Inês Virgínia Prado Soares
Jorge Ulisses Jacoby Fernandes
Juarez Freitas
Luciano Ferraz
Lúcio Delfino
Marcia Carla Pereira Ribeiro
Márcio Cammarosano
Marcos Ehrhardt Jr.
Maria Sylvia Zanella Di Pietro
Ney José de Freitas
Oswaldo Othon de Pontes Saraiva Filho
Paulo Modesto
Romeu Felipe Bacellar Filho
Sérgio Guerra
Walber de Moura Agra

FÓRUM
CONHECIMENTO JURÍDICO

Luís Cláudio Rodrigues Ferreira
Presidente e Editor

Coordenação editorial: Leonardo Eustáquio Siqueira Araújo
Aline Sobreira de Oliveira

Av. Afonso Pena, 2770 – 15º andar – Savassi – CEP 30130-012
Belo Horizonte – Minas Gerais – Tel.: (31) 2121.4900 / 2121.4949
www.editoraforum.com.br – editoraforum@editoraforum.com.br

Técnica. Empenho. Zelo. Esses foram alguns dos cuidados aplicados na edição desta obra. No entanto, podem ocorrer erros de impressão, digitação ou mesmo restar alguma dúvida conceitual. Caso se constate algo assim, solicitamos a gentileza de nos comunicar através do *e-mail* editorial@editoraforum.com.br para que possamos esclarecer, no que couber. A sua contribuição é muito importante para mantermos a excelência editorial. A Editora Fórum agradece a sua contribuição.

Dados Internacionais de Catalogação na Publicação (CIP) de acordo com a AACR2

D598 Direito Administrativo: temas atuais e relevantes / Juliana Tôrres de Vasconcelos Bezerra Cavalcanti (Coord.). – Belo Horizonte : Fórum, 2021.

  Competência regulamentar em matéria tributária: funções e limites dos decretos, instruções normativas e outros atos regulamentares / Paulo Arthur Cavalcante Koury. – Belo Horizonte : Fórum, 2019.

  126p.; 14,5cm x 21,5cm.
  ISBN: 978-65-5518-179-1

  1. Direito Administrativo. 2. Direito Público. I. Cavalcanti, Juliana Tôrres de Vasconcelos Bezerra. II. Título.

                CDD: 341.3
                CDU: 342.9

Elaborado por Daniela Lopes Duarte - CRB-6/3500

Informação bibliográfica deste livro, conforme a NBR 6023:2018 da Associação Brasileira de Normas Técnicas (ABNT):

CAVALCANTI, Juliana Tôrres de Vasconcelos Bezerra (Coord.). *Direito Administrativo*: temas atuais e relevantes. Belo Horizonte: Fórum, 2021. 126p. ISBN 978-65-5518-179-1.

Aos colegas da Comissão de Direito Administrativo da OAB-PE que por meio dos intensos debates possibilitaram o desenvolvimento desta obra.

Agradeço à Presidente da Comissão Dra. Caroline Lobato por todo o envolvimento e empenho em trabalharmos esta obra.

SUMÁRIO

APRESENTAÇÃO
Juliana Tôrres de Vasconcelos Bezerra Cavalcanti 13

A (DEVIDA) EXTENSÃO DA SANÇÃO ADMINISTRATIVA
IMPOSTA COM FUNDAMENTO NO ART. 7º DA LEI FEDERAL
Nº 10.520/2002 (LEI DO PREGÃO) E A NOVA LEI DE LICITAÇÕES
E CONTRATOS ADMINISTRATIVOS
Bruno Santos Cunha, Flávio Germano de Sena Teixeira Júnior 15

1   Aspectos introdutórios ao deslinde da controvérsia 15
2   Regime jurídico das penalidades administrativas em licitações
    e contratos administrativos: a devida extensão dos efeitos das
    penalidades 20
3   Do estado da arte da proteção ao erário, da moralidade e do
    interesse público: a correta interpretação acerca da extensão das
    sanções aplicadas a licitantes e contratados 24
4   O efeito Cinderela na Nova Lei de Licitações e Contratos
    Administrativos: em que pé ficamos? 31
5   Conclusão 34
    Referências 35

A EXTINÇÃO DOS CONTRATOS ADMINISTRATIVOS À LUZ DA
TEORIA GERAL DO DIREITO CONTRATUAL
Adiel Ferreira Jr. 37

1   Introdução 37
2   Evolução histórica da extinção dos contratos administrativos
      no Brasil 38
3   Das normas relativas à extinção dos contratos aplicáveis direito
      administrativo 40
3.1   Termo dos contratos 41
3.2   Extinção dos contratos administrativos por fatos anteriores à
      celebração 42
3.3   Rescisão 45
3.3.1 Generalidades 45

3.3.2 Resolução e resilição dos contratos administrativos 47
4 Conclusão 49
Referências 49

O REGIME REMUNERATÓRIO DAS CONCESSÕES PÚBLICAS BRASILEIRAS
Pedro Dias de Oliveira Netto 51
1 Introdução 51
2 Evolução histórica das concessões de serviços públicos no Brasil 52
3 A remuneração proveniente das tarifas e receitas marginais 59
3.1 A tarifa e os métodos para a sua fixação 59
3.2 O equilíbrio econômico-financeiro 65
4 Contraprestações pagas pelo Poder Público 68
4.1 As concessões patrocinadas e administrativas (PPP) 68
4.2 Natureza jurídica das contraprestações em contratos de parcerias público-privadas 71
5 Considerações finais 73
Referências 74

ANÁLISE DA LEGALIDADE DAS MEDIDAS ESTATAIS DE AFASTAMENTO SOCIAL COMO MECANISMO DE CONTENÇÃO DA PANDEMIA PROVOCADA PELO NOVO CORONAVÍRUS NO BRASIL
Caroline Lobato 77
1 Introdução 77
2 Dos preceitos constitucionais e infraconstitucionais pertinentes à matéria 79
3 Da competência administrativa do Estado em matéria de saúde pública 84
4 Análise da legalidade, razoabilidade e proporcionalidade das medidas de controle da pandemia provocada pelo Covid-19, no Brasil 86
5 Conclusão 92
Referências 93

OS CONVÊNIOS PÚBLICOS NO BRASIL: PARTICULARIDADES, NOVO PARADIGMA E O PROJETO DE LEI Nº 1.292/1995
Juliana Tôrres de Vasconcelos Bezerra Cavalcanti 95
1 Convênios administrativos e suas particularidades 95

2 A mudança de paradigma nos convênios públicos brasileiros............ 97
3 Convênios administrativos – Recentes mudanças na legislação.......... 99
4 O Projeto de Lei nº 1.292/95 100
5 Conclusão 101
Referências 101

O INSTITUTO DA RELICITAÇÃO NOS CONTRATOS DE CONCESSÕES DO PROGRAMA DE PARCERIA DE INVESTIMENTOS: VALORIZAÇÃO DA PARCERIA NO SETOR DE INFRAESTRUTURA BRASILEIRO
Débora Barbosa da Costa Pereira..103
1 Considerações iniciais sobre o instituto da relicitação....................... 103
2 Surgimento por medida provisória e contexto da relicitação............ 104
3 Estímulo à resolução de conflitos por meios alternativos................. 106
4 A denominação e o uso do termo "relicitação" 109
5 Procedimento da relicitação... 110
5.1 Qualificação.. 111
5.2 Termo aditivo.. 112
5.3 Futuro contrato... 113
6 Possíveis riscos ao modelo relicitatório... 114
7 Casuística inicial da relicitação.. 117
8 Essência da relicitação 121
Referências... 122

SOBRE OS AUTORES.. 125

APRESENTAÇÃO

O direito administrativo no Brasil vem sofrendo diversas alterações, o que impõe a necessidade de estudos, debates e divulgação, dessa forma, um amplo debate sobre essa temática se mostra indispensável. Em um momento de reforma administrativa, tratar de temas inerentes ao direito administrativo é de natural importância. Nesse contexto, cruciais se mostram as discussões que aconteceram e resultaram na presente obra.

Assim, trouxemos temas que serviram de pauta aos debates e reflexões das reuniões realizadas no âmbito da Comissão de Direito Administrativo da OAB-PE, estando aqui organizados para consulta dos advogados administrativistas, do administrado e dos estudantes de direito.

Iniciamos a obra com um debate sobre a aplicação da sanção prevista no art. 7º da Lei Federal nº 10.520/2002, com análise da jurisprudência do Tribunal de Contas da União – TCU e dos Tribunais (do Poder Judiciário) buscando elucidar os principais motivos pelos quais se entende que as penalidades previstas no referido dispositivo se aplicam a todos os entes públicos.

Seguimos com a previsão de extinção dos contratos administrativos na Lei nº 8.666/93, o regime remuneratório das concessões públicas, passando por análise da legalidade das medidas estatais de afastamento social como mecanismo de contenção da pandemia resultante da Covid-19 no Brasil.

Por fim, a obra trata de particularidades dos convênios públicos brasileiros, e encerramos trazendo o instituto da relicitação nos contratos de concessões do programa de parceria de investimentos.

Este trabalho, que se propôs a analisar e reanalisar aspectos do direito administrativo, traz a consciência da necessidade cada vez mais presente da continuidade dos debates acerca dos temas aqui desenvolvidos.

Juliana Tôrres de Vasconcelos Bezerra Cavalcanti

A (DEVIDA) EXTENSÃO DA SANÇÃO ADMINISTRATIVA IMPOSTA COM FUNDAMENTO NO ART. 7º DA LEI FEDERAL Nº 10.520/2002 (LEI DO PREGÃO) E A NOVA LEI DE LICITAÇÕES E CONTRATOS ADMINISTRATIVOS

BRUNO SANTOS CUNHA

FLÁVIO GERMANO DE SENA TEIXEIRA JÚNIOR

1 Aspectos introdutórios ao deslinde da controvérsia

A Lei Federal nº 10.520/2002, que instituiu como modalidade licitatória o pregão e trouxe outras providências, versa, no seu art. 7º, acerca da sanção de impedimento e descredenciamento no Sicaf ou nos sistemas de cadastramento de fornecedores. Eis a redação do dispositivo:

> Art. 7º Quem, convocado dentro do prazo de validade da sua proposta, não celebrar o contrato, deixar de entregar ou apresentar documentação falsa exigida para o certame, ensejar o retardamento da execução de seu objeto, não mantiver a proposta, falhar ou fraudar na execução do contrato, comportar-se de modo inidôneo ou cometer fraude fiscal, ficará impedido de licitar e contratar com a União, Estados, Distrito Federal ou Municípios e, será descredenciado no SICAF, ou nos sistemas de

cadastramento de fornecedores a que se refere o inciso XIV do art. 4º desta Lei, pelo prazo de até 05 (cinco) anos, sem prejuízo das multas previstas em edital e no contrato e das demais cominações legais.

À luz do preceituado, é possível se perceber, de plano, que as condutas descritas no comando legal podem ocorrer no curso do procedimento licitatório e também na fase de execução do objeto, estando o contratado, portanto, sujeito, de forma cumulativa, à sanção de impedimento, ao descredenciamento nos sistemas de cadastramento de fornecedores e à multa, se previamente fixadas no edital ou no contrato.

Constatado o descumprimento de alguma das atribuições estampadas no catálogo obrigacional oriundo da lei, do edital ou do contrato administrativo, surge o poder-dever da Administração Pública de promover a apuração e a eventual punição da infração administrativa, fazendo-o por meio de processo administrativo, sem olvidar o completo resguardo aos princípios e normas constitucionais e processuais pertinentes, a exemplo da ampla defesa, do contraditório e do devido processo legal.

Além disso, denota-se que a sanção estatuída nesse dispositivo não arreda a aplicação daquelas (sanções) previstas no art. 87 da Lei Federal nº 8.666/93, eis que a própria redação do art. 7º da Lei Federal nº 10.520/02, em sua dicção expressa, é categórica ao afirmar que as penalidades administrativas ali cominadas podem ser aplicadas sem prejuízo das multas previstas no contrato e das demais cominações legais.

Adentrando mais especificamente na temática em epígrafe (o raio de abrangência da sanção prescrita no art. 7º da Lei do Pregão), não é despiciendo lembrar que a consideração da jurisprudência do TCU assume especial relevo no enfrentamento da questão, mormente tendo em vista o crucial papel fiscalizatório que o aludido Tribunal exerce em matéria de licitações e contratos administrativos. Dito isso, cumpre indagar: qual, efetivamente, é o raio de abrangência da sanção do art. 7º da Lei do Pregão?

Inicialmente, a Corte de Contas vinha mantendo entendimento bastante restritivo quanto à extensão territorial da suspensão temporária do direito de licitar e contratar (art. 87, III, da Lei Federal nº 8666/93). Entre as figuras permitidas no art. 6º, II da Lei de Licitações,[1] o TCU, em

---

[1] "Art. 6º Para os fins desta Lei, considera-se: [...] XII - Administração – órgão, entidade ou unidade administrativa pela qual a Administração Pública opera e atua concretamente; [...]".

alguns julgados, utiliza a expressão *órgão*, o que implica a ilação de que o suspenso temporariamente poderia contratar com qualquer órgão, excetuado aquele que aplicou a lei. A título ilustrativo, colaciona-se trecho de decisão neste sentido:

> A questão referente à inidoneidade para licitar com ente público federal, em razão de a Caixa Econômica Federal ter aplicado à empresa [...] punição de suspensão para licitar por um ano foi considerada improcedente, pois a jurisprudência desta Corte de Contas tem se firmado no sentido de que a suspensão temporária com fundamento no art. 87, inciso III, da Lei 8666/93, só tem validade no âmbito do órgão que a aplicou. (TCU, 2ª Câmara. Acórdão nº 3.858/2009, sessão em 14.7.2009. Rel. Ministro Aroldo Cedraz)

Houve, posteriormente, uma alteração substancial na forma como TCU pensava o poder-dever da Administração Pública de sancionar aqueles que infringem normas concernentes às licitações e contratos administrativos.[2] Nota-se, inclusive, uma inclinação para fins de aderência ao entendimento consolidado há muito tempo nos Tribunais pátrios e, notadamente, no Superior Tribunal de Justiça.[3] Nesse cenário, convém colacionar o excerto a seguir transcrito:

> [...] Com base nesse entendimento, depreende-se que as sanções previstas no art. 87 da Lei 8.666 buscam impelir o particular a executar o contrato administrativo em observância princípio da moralidade pública e ao interesse público, assim como proibir acesso ao certame licitatório de particulares cujas condutas tenham se revelado atentatórias a esses preceitos, como é o caso do particular punido com uma das sanções previstas nos incisos III e IV do artigo. [...] Por força dos princípios da moralidade pública, prevenção, precaução e indisponibilidade do interesse público, o administrador público está obrigado a impedir a contratação dessas entidades, sob pena de se tornarem inócuas as sanções aplicadas pela Administração. [...] Em consonância com o art. 87 da Lei nº 8.666/1993, no caso de inexecução total ou parcial do contrato a Administração poderá aplicar ao contratado sanções, que vão desde advertência (inciso I), multa (inciso II), suspensão temporária de participação em licitação e impedimento de contratar

---

[2] Veja-se, no ponto, que a interpretação dada pelo TCU à temática específica restará tratada em tópico próprio, eis que as incongruências advindas da posição do TCU precisam ser melhor explicitadas para a devida compreensão.
[3] STJ, Segunda Turma. Recurso Especial nº 151.567/RJ. Rel. Min. Francisco Peçanha Martins, j. 25.2.2003.

com a Administração (inciso III) até à declaração de inidoneidade para licitar ou contratar com a Administração Pública (inciso IV). 3. Nesta oportunidade, o Relator da deliberação contestada pela Infraero, eminente Ministro Walton Alencar Rodrigues, apresenta voto revisor, colacionando, inclusive, decisões do Superior Tribunal de Justiça, que amparam seu novo entendimento de que a vedação à participação em licitações e à contratação de particular incurso na sanção prevista no inciso III do art. 87 da Lei 8.666/1993 estende-se a toda a Administração direta e indireta. 4. Considerando que ainda não há jurisprudência consolidada sobre a matéria em discussão, e tendo em vista que a linha defendida pelo Revisor carrega o nobre propósito de dar proteção à Administração Pública e, enfim, ao interesse público, não vejo óbice a que esta Corte reveja seu posicionamento anterior, para considerar legal a inserção, pela Infraero, de cláusula editalícia impeditiva de participação daqueles incursos na sanção prevista no inciso III da Lei 8.666/1993, na forma proposta pelo Ministro Walton Alencar Rodrigues, cujo voto passo a acompanhar. (TCU, 1ª Câmara. Acórdão nº 2.218/2011. Rel. Min. José Múcio Monteiro, sessão em 12.4.2011)

A mesma Corte de Contas, no entanto, reviu esse posicionamento, consoante deliberações apontadas pelo Acórdão nº 2.081/2014 – TCU – Plenário e pela unidade instrutiva, como exemplo, os acórdãos nºs 3.243/2012, 3.439/2012, 3.465/2012, 408/2013, 739/2013, 842/2013, 1.006/2013, 1.017/2013, 2.073/2013, 2.242/2013, 2.556/2013, 2.593/2013 e 1.457/2014, todos do Plenário. Nas referidas oportunidades, a despeito da divergência entre alguns ministros, restou prevalente o entendimento de que os efeitos das sanções previstas no art. 87, III, da Lei de Licitações se comprimem ao espectro do órgão/entidade que a aplicou, ao passo que, quanto à penalidade prescrita no art. 7º da Lei do Pregão, os efeitos teriam uma extensão topográfica um pouco maior, qual seja, o âmbito interno do ente federativo que a aplicar. É o que se infere, por exemplo, do trecho a seguir transcrito:

A aplicação da sanção prevista no art. 7º, da Lei nº 10.520/2002 – que institui o pregão como modalidade de licitação, para aquisição de bens e serviços comuns – impede a participação do licitante em procedimentos licitatórios e a celebração de contratos com todas as entidades dos respectivos ente estatal, União, Estados, Distrito Federal ou Municípios, implicando seu descredenciamento dos sistemas de cadastramento de fornecedores, pelo prazo de até cinco anos, com extensão a toda a esfera do órgão ou entidade que a aplicou.

A sanção prevista no art. 7º da Lei 10.520/2002 deixa explícita a vontade do legislador, no sentido de efetivamente punir as empresas que cometam ilícitos administrativos, não somente na restritíssima esfera da entidade que promoveu a licitação e sofreu os efeitos da conduta lesiva da licitante, mas de alijá-la de todas as licitações promovidas nas respectivas esferas federal, estadual, do DF e municipal, por até 5 anos, sem prejuízo das multas e das demais cominações legais, constituindo sanção gravíssima que materializa a jurisprudência do STJ em relação a similar dispositivo da Lei 8.666, cuja interpretação, no TCU, mereceu do Plenário visão bem mais restritiva. (TCU, Plenário. Acórdão nº 2.593/2013. Rel. Min. Walton Alencar Rodrigues, sessão em 30.4.2013)

No mesmo vetor, outra retromencionada decisão do TCU, proferida no Acórdão nº 2.242/2013 – Plenário, estabeleceu a orientação de

dar ciência ao Serpro/SP, relativamente aos subitens 2.2.2 e 2.2.4 do edital do Pregão Eletrônico 1.317/2013, de que a sanção prevista no inciso III do art. 87 da Lei 8.666/1993 produz efeitos apenas em relação ao órgão ou entidade sancionador, enquanto a prevista no art. 7º da Lei 10.520/2002 produz efeitos apenas no âmbito interno do ente federativo que a aplicar.

Embora, repise-se, não se desconsidere o notável papel do TCU como intérprete da matéria, entendemos que o posicionamento não merece prosperar no exercício da *práxis administrativa*, não só por algumas razões de ordem ontológica que também serão apontadas, mas também porque, no âmbito do Poder Judiciário, os Tribunais, de forma esmagadora e pacífica, sustentam a extensão nacional das referidas sanções (seja a do art. 87, III, da Lei de Licitações, seja a do art. 7º da Lei do Pregão).

Ora, o intuito dos supramencionados dispositivos legais sancionatórios – tanto o art. 87, III, da Lei de Licitações quanto o próprio art. 7º da Lei do Pregão – é o de combater não só o aspecto material da infração administrativa (o ato lesivo), mas também o imaterial, axiológico. Em outras palavras, intenta-se penalizar não só a vulneração à norma legal, como também a falta de zelo com a máquina pública, com o erário, em um desejo final de promoção da regeneração jurídica e moral da Administração Pública. Logo, adianta-se: a amplitude nacional da sanção é condição essencial para fins de densificação do caráter pedagógico e retributivo da penalidade administrativa.

Passa-se, assim, ao exame mais minucioso da matéria de fundo, a evidenciar a verdadeira extensão das penalidades administrativas elencadas no art. 7º da Lei do Pregão, tendo como amparo, também, a Lei Geral de Licitações e Contratos, uma vez que os referidos diplomas legais não podem ser interpretados de forma estanque, mas, sim, como parte integrante de um microssistema normativo que deve ser decifrado examinando-se a sua totalidade.

Destaca-se, ainda, que embora se reconheça a relevância do papel da doutrina no enfrentamento da questão, a pesquisa proposta estrutura-se, substancialmente, no cotejo analítico entre a jurisprudência do Tribunal de Contas da União e a dos Tribunais que integram o Poder Judiciário, sobretudo a do Superior Tribunal de Justiça, responsável por uniformizar a interpretação da legislação federal.

Por esta razão, num breve trabalho como este, elaborado sem maiores pretensões teóricas, almeja-se, tão somente, um objetivo: conferir à figura jurídica da sanção do art. 7º da Lei do Pregão contornos mais seguros e que facilitem o seu manejo pelos administradores públicos e advogados (públicos e privados), sempre com obediência aos ditames legais, à moralidade administrativa, à segurança jurídica, à proteção à confiança legítima, bem como à busca incessante pela regeneração jurídica e moral da Administração Pública.

2 Regime jurídico das penalidades administrativas em licitações e contratos administrativos: a devida extensão dos efeitos das penalidades

Em um primeiro plano, é necessário vislumbrar que o microssistema jurídico de licitações e contratos administrativos traz consigo um plexo de regras referentes às penalidades administrativas. No ponto, pois, a sistemática de sancionamento prevista na Lei do Pregão (Lei Federal nº 10.520/02) não pode ser dissociada do sistema sancionatório que lhe dá fundamento (ou seja, o sistema sancionatório da própria Lei Federal nº 8.666/93 funciona como suporte para o microssistema do pregão). Assim, sendo certo que o art. 7º da Lei Federal nº 10.520/02 tem a mesma *ratio* do art. 87, III, da Lei nº 8.666/93, é inafastável a conclusão de que ambas penalidades, análogas em sua natureza repressiva de más condutas públicas, englobam todos os entes da Administração (União, estados, Distrito Federal e os municípios).

Do contrário, a punição de impedimento de licitar e contratar não produziria o efeito buscado de proteger a máquina pública contra aquele que recebeu penalidade por má conduta administrativa em âmbito contratual ou pré-contratual (licitação). Diante disso, indubitável que a enumeração dos entes federativos, realizada no art. 7º da Lei nº 10.520/02, implica, por pura lógica jurídica, impedimento de contratar com quaisquer dos entes enumerados (e não apenas um deles). É que é indiscutível, por certo, que o interesse público reclama proteção efetiva da Administração em face daqueles que vulneram seus princípios, protegendo-se a máquina pública de qualquer agente que tenha sido penalizado em sua relação com a Administração Pública como um todo. Esse, sim, o espírito das normas em discussão (art. 87, III da Lei de Licitações e art. 7º da Lei do Pregão), trazendo sua extensão nacional. Esse, ademais, o reclamo da moralidade e do interesse público. Nesse sentido, Marçal Justen Filho pondera:

> [...] pode-se contrapor que a lógica excluiria o cabimento de sancionamento ao sujeito no estrito âmbito de um único e determinado sujeito administrativo. Se o agente apresenta desvio de conduta que o inabilitam para contratar com um determinado sujeito administrativo, os efeitos dessa ilicitude teriam de se estender a toda a Administração Pública. Assim se passa porque a prática do ato reprovável, que fundamenta a imposição da sanção de suspensão do direito de licitar e contratar, evidencia que o infrator não é merecedor de confiança. Um exemplo prático permite compreender o raciocínio. Suponha-se que o contratado deixe de adimplir às obrigações assumidas num contrato de empreitada de obra pública. Entrega à Administração uma obra defeituosa. Sancionado com a suspensão do direito de licitar, estaria ele livre para contratar com outros entes da Administração pública? Reputa-se que a resposta negativa é a mais compatível com a ordem jurídica.[4]

Trilhando o caminho interpretativo já percorrido pelos Tribunais brasileiros, há pouquíssima dúvida de que as penalidades ora debatidas (art. 87, III da Lei de Licitações e art. 7º da Lei do Pregão) trazem consigo aplicabilidade e extensão nacional quanto a seus efeitos.

De fato, ainda que se possa reconhecer alguma divergência no âmbito jurisprudencial acerca do alcance (extensão) da penalidade oriunda do art. 7º da Lei do Pregão (o que não ocorre com a penalidade decorrente do art. 87, III da Lei de Licitações), é inegável que a moralidade administrativa e o interesse público primário reclamam e demandam uma máxima proteção do erário (em sentido amplo), esquivando a Administração do contato contratual com todo e qualquer agente que tenha sido reconhecido como transgressor. Na linha já consolidada nos Tribunais pátrios sobre a abrangência da sanção exposta no art. 7º da Lei do Pregão – e em recentíssimo precedente oriundo do Tribunal de

---

[4] JUSTEN FILHO, Marçal. *Comentários à Lei de Licitações e Contratos Administrativos*. 14. ed. São Paulo: Dialética, 2010. p. 892.

Justiça do Rio Grande do Sul –, deve-se "prestigiar o interesse público primário e exigir idoneidade do particular com o qual celebra contratos administrativos. Isto é alcançado com a ampla abrangência da punição imposta, produzindo efeitos na Administração Pública em geral".[5]

É o que se vê a partir de análise sistemática das sanções administrativas nas licitações e contratos, sendo certo que todos aqueles penalizados com fundamento no art. 87, III da Lei de Licitações e no art. 7º da Lei do Pregão estarão, com plena razão, afastados do contato contratual com *toda* a Administração Pública, justamente pelo fato de terem atuado de forma a transgredir o regime jurídico administrativo em seu contato anterior com outro ente político/administrativo. Há, assim, a proteção à Administração Pública, como um todo, em face do transgressor. Não poderia ser mais nobre, no ponto, o espírito da lei.

Nessa esteira, é certo que os Tribunais, em movimento concertado na aplicação do direito aos fatos concretos, já se inclinam efetivamente no sentido de interpretar o sistema sancionatório das licitações e contratos administrativos a bem do interesse público e da moralidade administrativa. Indicam os Tribunais, assim, a necessária nacionalidade da extensão da penalidade do art. 87, III, da Lei de Licitações e do art. 7º da Lei do Pregão.

Os que resistem à tese da extensão nacional das referidas sanções costumam pautar a sua defesa, essencialmente, na utilização pelo legislador das expressões *Administração*, no inc. III, e *Administração Pública*, no inc. IV (ambos do art. 87 da Lei nº 8.666/93), cujas definições foram fixadas nos incs. XII e XI do art. 6º da Lei nº 8.666, *in verbis*:

> XI - Administração Pública - a administração direta e indireta da União, dos Estados, do Distrito Federal e dos Municípios, abrangendo inclusive as entidades com personalidade jurídica de direito privado sob controle do poder público e das fundações por ele instituídas ou mantidas;
> XII - Administração - órgão, entidade ou unidade administrativa pela qual a Administração Pública opera e atua concretamente; [...].

Ocorre que, para efeito da aplicação da sanção de suspensão temporária, o raciocínio em comento revela-se falho, quando se observa, a partir da intelecção do inc. XI, acima transcrito, que "administração" é a expressão concreta da Administração Pública. Por conseguinte, não

---

[5] TJRS, Vigésima Segunda Câmara Cível. Agravo de Instrumento nº 70079329470. Rel. Des. Miguel Ângelo da Silva, public. 3.5.2019.

são conceitos contrapostos, um mais abrangente que o outro, mas, sim, sinônimos. Esse entendimento, inclusive, foi defendido no âmbito do próprio TCU, em elucidativo voto proferido pelo Ministro Revisor Walton Alencar Rodrigues nos autos do já mencionado Acórdão nº 2.218/2011.[6] De mais a mais, segundo o Superior Tribunal de Justiça, a Administração Pública é una, é a acepção subjetiva de Estado-Administrador, havendo apenas a descentralização do exercício de suas funções para fins de melhor atendimento do interesse da coletividade, de sorte que a limitação dos efeitos da "suspensão de participação de licitação" não pode ficar restrita a um órgão do poder público, pois os efeitos do desvio de conduta que inabilita o sujeito para contratar com a Administração se estendem a qualquer órgão da Administração Pública.[7]

Desta feita, ainda que muito já se tenha discutido acerca dos limites/extensão dos efeitos das sanções administrativas a licitantes e contratados, resta patente que a tutela da probidade administrativa e do interesse público reclama posição privilegiada, cabendo ao Administrador optar pela segurança jurídica alicerçada na pacífica jurisprudência do Superior Tribunal de Justiça (intérprete último da legislação federal) de que as sanções contidas no art. 87, III da Lei nº 8.666/1993 e art. 7º da Lei nº 10.520/2002 não estão restritas apenas ao órgão/ente licitante, mas abrangem toda a Administração Pública, direta e indireta, da União, estados, Distrito Federal e dos municípios.

Do contrário, restaria convalidada pelo sistema jurídico a existência de um verdadeiro efeito Cinderela nas contratações públicas. É dizer: um licitante/contratado poderia ser considerado inadequado para o contato contratual com a Administração Pública de um estado após o cometimento de irregularidades e, cruzando a divisa estadual, restaria revigorado para a continuidade de suas relações com a Administração Pública. Não se pode imaginar, pois, que esse seja o espírito real da lei. Vejamos.

---

[6] TCU, 1ª Câmara. Acórdão nº 2.218/2011. Rel. Min. José Múcio Monteiro, sessão em 12.4.2011.
[7] STJ, Segunda Turma. Recurso Especial nº 151.567/RJ. Rel. Min. Francisco Peçanha Martins, j. 25.2.2003.

3 Do estado da arte da proteção ao erário, da moralidade e do interesse público: a correta interpretação acerca da extensão das sanções aplicadas a licitantes e contratados

Inicialmente, é nítido que o debate travado entre o TCU e o STJ lançou luzes acerca dos distintos limites possíveis da sanção oriunda do art. 87, III da Lei Federal nº 8.666/93 (suspensão temporária de participação em licitação e impedimento de contratar com a Administração, por prazo não superior a 2 (dois) anos): se extensíveis apenas ao ente aplicador da sanção ou a todos os entes. Tal discussão teve seu fim quando o STJ, intérprete último da legislação federal, nos termos do art. 105, III da CF/88, assim definiu recentemente:

PROCESSUAL CIVIL E ADMINISTRATIVO. SUSPENSÃO TEMPORÁRIA DE PARTICIPAR DE LICITAÇÃO E IMPEDIMENTO DE CONTRATAR. ALCANCE DA PENALIDADE. TODA A ADMINISTRAÇÃO PÚBLICA. De acordo com a jurisprudência do STJ, *a penalidade prevista no art. 87, III, da Lei n. 8.666/1993 não produz efeitos apenas em relação ao ente federativo sancionador, mas alcança toda a Administração Pública* (MS 19.657/DF, rel. Ministra ELIANA CALMON, PRIMEIRA SEÇÃO, julgado em 14/08/2013, DJe 23/08/2013). (STJ, Primeira Turma. AgInt no REsp nº 1.382.362/PR. Rel. Min. Gurgel de Faria, j. 7.3.2017. *DJe*, 31 mar. 2017)

Conquanto a discussão da matéria não seja de índole constitucional, convém citar decisão do Min. Celso de Mello, do Supremo Tribunal Federal – STF, na qual destaca o posicionamento do STJ, *in verbis*:

[...] A doutrina e jurisprudência majoritárias são pacíficas quanto à extensão dos efeitos da declaração de inidoneidade a todos os órgãos Públicos, não se limitando, portanto, ao âmbito do Ente que aplicou a referida medida, sendo que o Superior Tribunal de Justiça aplica esse entendimento até mesmo para a penalidade de suspensão, veja-se: "É irrelevante a distinção entre os termos Administração Pública e Administração, por isso que ambas as figuras (suspensão temporária de participar em licitação (inc. III) e declaração de inidoneidade (inc. IV) acarretam ao licitante a não-participação em licitações e contratações futuras. A Administração Pública é una, sendo descentralizadas as suas funções, para melhor atender ao bem comum. A limitação dos efeitos da "suspensão de participação de licitação" não pode ficar restrita a um órgão do poder público, pois os efeitos do desvio de conduta que inabilita o sujeito para contratar com a Administração se estendem a qualquer órgão da Administração Pública" (REsp 151.567/RJ, Relator: Ministro Peçanha Martins) "Como bem acentuado pela Insigne Subprocuradora-Geral da República, Dra. Gilda Pereira de Carvalho Berger, não há ampliação punitiva ao direito da Recorrente, tão-somente a irrepreensível aplicação da letra da lei: "[...] verifica-se que a sanção de suspensão prevista no inciso II, do art. 87, na forma com que foi disposta, aplica-se a todo e qualquer ente que, componha a Administração Pública, seja direta ou indireta, mesmo porque esta se mostra una, apenas descentralizada para melhor executar suas funções:" (fl. 189) A Administração Pública é a acepção subjetiva de Estado-administrador e sua natureza executiva é única. Apenas as suas atribuições são distribuídas de forma descentralizada, para melhor gerir o interesse de sua comunidade". (STJ. RMS nº 9.707/PR. Rel. Min. Laurita Vaz)

[...] O eminente Procurador-Geral da República, autoridade apontada como coatora, ao declarar a inidoneidade da parte impetrante para licitar e/ou contratar com a União (e não apenas com órgãos integrantes do próprio Ministério Público da União), agiu na linha de orientação jurisprudencial firmada pelo E. Superior Tribunal de Justiça (REsp 174.274/SP, Rel. Min. CASTRO MEIRA, v.g.): "[...] - É irrelevante a distinção entre os termos Administração Pública e Administração, por isso que ambas as figuras (suspensão temporária de participar em licitação (inc. III) e declaração de inidoneidade (inc. IV) acarretam ao licitante a não-participação em licitações e contratações futuras. - A Administração Pública é una, sendo descentralizadas as suas funções, para melhor atender ao bem comum. - A limitação dos efeitos da 'suspensão de participação de licitação' não pode ficar restrita a um órgão do poder público, pois os efeitos do desvio de conduta que inabilita o sujeito para contratar com a Administração se estendem a qualquer órgão da Administração Pública. Recurso especial não conhecido." (REsp 151.567/RJ, Rel. Min. FRANCISCO PEÇANHA MARTINS – grifei) "I - A Administração Pública é una, sendo, apenas, descentralizado o exercício de suas funções. II - A Recorrente não pode participar de licitação promovida pela Administração Pública, enquanto persistir a sanção executiva, em virtude de atos ilícitos por ela praticados (art. 88, inc. III, da Lei n.º 8.666/93). Exige-se, para a habilitação, a idoneidade, ou seja, a capacidade plena da concorrente de se responsabilizar pelos seus atos. III - Não há direito líquido e certo da Recorrente, porquanto o ato impetrado é perfeitamente legal. IV - Recurso improvido." (RMS 9.707/PR, Rel. Min. LAURITA VAZ – grifei) [...]. (STF. MS nº 30.947/DF. Rel. Min. Celso de Melo, j. 7.4.2014. DJe, 9 abr. 2014)

No mesmo sentido, o Tribunal de Justiça de Pernambuco tem entendimento pacífico e consolidado sobre o tema, a saber, ao salientar, em julgamento colegiado próprio:

[...] o Superior Tribunal de Justiça, em diversos julgados, manifestou entendimento no sentido de que os efeitos da suspensão de participação em licitação não podem ficar restritos a apenas um órgão do poder público, sob pena de retirar a necessária eficácia da sanção administrativa do art. 87, III, da Lei 8.666/93. [...] Em que pese o fato de a Administração Pública baiana ter consignado a aplicação da sanção em tela apenas no âmbito daquele Estado, os efeitos do desvio de conduta que inabilita o sujeito para contratar com a Administração se estendem a qualquer órgão da Administração Pública. (TJPE, 4ª Câmara de Direito Público. Agv. nº 3.303.144/PE. Rel. Des. Rafael Machado da Cunha Cavalcanti, j. 31.7.2015)

Nesse tocante, até mesmo o próprio TCU reconhece a possível e necessária integração dos preceitos do art. 7º da Lei Federal nº 10.520/2002 com aqueles do art. 87 da Lei Federal nº 8.666/93, sobretudo para que se estabeleça, entre as penalidades, uma relação de gradação integrada e não de antinomia. De fato, ainda que o TCU indique, de forma indevida, que a extensão da sanção do art. 87, III é dada apenas para o ente aplicador dela (o que é contradito pelo STJ), é certo que o TCU também reconhece que a sanção do art. 7º da Lei Federal nº 10.520/2002 situa-se, em termos de gravidade, acima daquela disposta no art. 87, III e abaixo da disposta no art. 87, IV da Lei de Licitações. Não faria sentido algum, assim, que a penalidade mais grave (art. 7º da Lei Federal nº 10.520/2002) tenha âmbito de aplicação inferior à mais branda (art. 87, III da Lei de Licitações).

Sendo assim – e seguindo-se a interpretação do STJ, ou seja, do órgão jurisdicional uniformizador da interpretação da lei federal em âmbito nacional –, não há dúvidas, como já adiantado, que a penalidade advinda do art. 7º da Lei Federal nº 10.520/2002 é extensível, em seus efeitos (limite espacial federativo), à toda a Administração Pública, na linha clássica e atualíssima do STJ que indica que a própria penalidade prevista no art. 87, III, da Lei nº 8.666/1993 não produz efeitos apenas em relação ao ente federativo sancionador, mas alcança toda a Administração Pública.

No mesmo norte – e já de acordo com a novel interpretação que privilegia o interesse público e a tutela de probidade em toda Administração –, é de ver-se que os Tribunais de Justiça estaduais, em decisões recentíssimas, já caminham no sentido de identificar a extensão da penalidade disposta no art. 7º da Lei Federal nº 10.520/2002 em todo o território nacional, em qualquer das esferas federativas. Veja-se, por exemplo, as recentes manifestações do Tribunal de Justiça do Estado de São Paulo sobre o caso aqui em questão:

APELAÇÃO CÍVEL AÇÃO DECLARATÓRIA LEI DO PREGÃO (LEI 10.520/200) SANÇÃO DE IMPEDIMENTO E DESCREDENCIAMENTO NO SICAF (ART. 7º) - INEXISTÊNCIA DE DISTINÇÃO ENTRE ADMINISTRAÇÃO E ADMINISTRAÇÃO PÚBLICA Segundo a jurisprudência do C. STJ, é irrelevante a distinção entre os termos Administração Pública e Administração, pois a Administração Pública é uma – A descentralização das suas funções serve para melhor atender o bem comum - A suspensão de participação de licitação não pode restringir-se a um órgão do poder público ou apenas a uma esfera administrativa, pois os efeitos da penalidade inabilitam o sujeito para contratação com a Administração como um todo Precedentes do C. STJ e desta E. Corte de Justiça Sentença reformada em parte Inversão dos ônus sucumbenciais Recurso de apelação da Prefeitura do Município de Pitangueiras provido e recurso de apelação do autor não provido.

Não se ignora que a redação do art. 7º da Lei nº 10.520/2002 possui relevantes distinções quando comparada com o que dispõe o art. 87, III, da Lei nº 8.666/1993, contudo, ainda assim deve ser realizada interpretação sistemática e teleológica de ambas as legislações, que procuram inabilitar aquele que, por meio de comportamento reprovável, não se mostra apto a firmar relações contratuais com a Administração Pública. [...]

Assim, ao aplicar as penalidades referentes às restrições previstas no art. 7º da lei nº 10.520/02, agiu corretamente a Prefeitura Municipal de Pitangueiras ao enviar os dados ao E. Tribunal de Contas do Estado de São Paulo, sendo que os efeitos das restrições impostas à parte autora não pode ficar restrita ao Município em questão, tendo em vista que, apesar, da pena ter sido aplicada com base no regime referente ao pregão, da Lei nº 10.520/2002, esta não afasta a aplicação da Lei nº 8.666/1993 de forma subsidiária, como assevera o seu art. 9º. (TJSP, 8ª Câmara de Direito Público. Apelação nº 1000371-06.2015.8.26.0459. Rel. Des. Ponte Neto, j. 16.10.2018)

Ainda no ponto, o mesmo TJSP já evidenciou, de forma claríssima, que o art. 7º da Lei nº 10.520/02 tem a mesma *ratio* do art. 87, III, da Lei nº 8666/93. Ambos englobam todos os entes da Administração. Do contrário, a punição de impedimento de licitar e contratar não produziria o efeito buscado, de proteger a máquina pública contra aquele que recebeu penalidade por inexecução total ou parcial do contrato. As definições constantes nos incs. XI e XII do art. 6º da Lei nº 8.666/93 não autorizam conclusão em outro sentido. A enumeração dos entes públicos feita no art. 7º da Lei nº 10.520/02 implica impedimento de contratar com qualquer deles.[8]

---

[8] TJSP, 10ª Câmara de Direito Público. Apelação nº 1036678-15.2015.8.26.0602. Rel. Des. Antonio Carlos Villen, j. 12.3.2018.

Na mesma linha, o Tribunal de Justiça da Paraíba, já no ano de 2019, assim se pronunciou:

> [...] o cerne da questão, na hipótese vertente, encontra-se em delimitar a extensão dos efeitos da referida sanção. Se apenas no âmbito do ente federativo ao qual o órgão sancionador está vinculado, ou se a mesma se estende aos demais entes da Administração Pública. Não obstante certa divergência jurisprudencial, filio-me ao entendimento de que a sanção deve ser aplicada a toda administração pública. [...] Dessa forma, deve ser privilegiado o interesse público primário e a sanção aplicada deve ter prima facie, ampla abrangência, produzindo efeitos no âmbito de toda a Administração Pública. (TJPB. Agravo de Instrumento nº 0805593-22.2019.8.15.0000. Rel. Des. Luiz Silvio Ramalho Junior, j. 30.5.2019)

Veja-se, de forma também bastante recente, a expressão do TJDFT que foi mantida em decisão monocrática pelo STJ (REsp nº 1.552.078. Rel. Min. Napoleão Nunes Maia Filho, j. 7.6.2016):

> Os efeitos da penalidade prevista no artigo 7º da Lei 10.520/2002 não se restringem ao âmbito do ente público sancionador, devendo-se prestigiar o interesse público primário e exigir idoneidade do particular com o qual celebra contratos administrativos. Isto é alcançado com a ampla abrangência da punição imposta, produzindo efeitos na Administração Pública em geral. (TJDFT, Conselho Especial. Acórdão nº 855.726 – 20140020278073MSG. Rel. Des. George Lopes, j. 10.3.2015)

Também convergindo, o Tribunal de Justiça do Rio Grande do Sul reiteradamente se posiciona no seguinte sentido:

> a sanção prevista no art. 7º da Lei n. 10.520/02 não produz efeitos somente em relação ao órgão ou ente público que aplicou a punição, pois, ao contrário, permitir-se-ia que licitante suspensa contratasse novamente com a Administração Pública durante o prazo de suspensão. [...] Nesse panorama, de rigor a manutenção da decisão hostilizada, visto que a penalidade prevista no precitado art. 7º da Lei n. 10.520/02 não se circunscreve ao órgão sancionador que a aplicou, estendendo-se a toda Administração Pública.[9]

---

[9] TJRS, Vigésima Segunda Câmara Cível. Agravo de Instrumento nº 7007932947. Rel. Des. Miguel Ângelo da Silva, public. 3.5.2019.

Trilhando o mesmo caminho, o Tribunal de Justiça de Santa Catarina, em precedente recentíssimo de 19.3.2019, bem pontua a questão aqui tratada. Veja-se, por oportuno, que a ênfase na proteção do interesse público e da moralidade há de ser reconhecida, o que implica a nacionalização da extensão das penalidades advindas da Lei do Pregão, em leitura sistemática com a própria Lei Federal nº 8.666/93.

> Ao analisar o art. 7º da Lei n. 10.520/02, resta claro que o particular incidente em umas das hipóteses descritas restará impedido de contratar com todas as esferas da Administração Pública.
>
> Ademais, pontua-se que o simples fato do pregão possuir legislação própria, não afasta a aplicação da Lei 8.666/93, conforme assevera o seu art. 9º, assegurando dessa forma a coerência na interpretação e aplicação do sistema jurídico vigente.
>
> Com efeito, apesar de haver relevantes distinções na redação das sanções previstas no art. 87, III da Lei de Licitações e no art. 7º, da Lei do pregão, a finalidade de ambas é a mesma: impedir particulares com comportamentos reprováveis de contratar com a Administração Pública, em todas as suas esferas, sendo seu escopo resguardar o interesse público, evitando danos ao erário, em plena harmonia com o ordenamento jurídico pátrio.
>
> Desse modo, *entender que as penalidades previstas na Lei de Licitações se aplicam a todos os entes públicos, enquanto as da Lei do Pregão (as quais são mais rigorosas com o particular), se limitam apenas aos órgãos sancionadores, não coaduna com o arcabouço normativo vigente.*
>
> No ponto, é preciso traçar um raciocínio sistemático da ordem normativa das contratações públicas, pois não pode a lei geral sobre o tema ser suplantada com punição mais branda pela Lei do Pregão, a qual, justamente, utiliza de maneira subsidiária a Lei n. 8.666/93. (TJSC, Terceira Câmara. Apelação Cível nº 0300213-24.2018.8.24.0012. Rel. Des. Ronei Danielli, j. 19.3.2019)

Adiante, o Tribunal de Justiça de Goiás é enfático ao ratificar:

> o órgão ou entidade da Administração Pública pode, diante da inexecução total ou parcial do contrato administrativo, aplicar a sanção de suspensão temporária de participação em licitação e impedimento de contratar com todos os entes federativos, faculdade que lhe é garantida pelo artigo 7º da Lei nº 10.520/2002 e pelo artigo 87 da Lei nº 8.666/1993.[10]

---

[10] TJGO. Agravo de Instrumento nº 5392656-59.2018.8.09.0000. Rel. Des. Alan Sebastião de Sena Conceição, j. 3.5.2019.

De fato, a ilação do TJGO, na linha da própria disciplina legal expressa, apenas traduz a lógica buscada pelo sistema de penalidades administrativas em licitações e contratos: a busca da proteção ao erário em face de transgressores da ordem jurídica positiva.

Para além das expressões já trazidas do TJSP, TJRS, TJPE, TJGO, TJDFT, TJAP,[11] TJSC e STJ, é de ver-se que outros Tribunais pátrios já sinalizam pela aplicabilidade nacional (extensão nacional) da penalidade advinda da Lei do Pregão (art. 7º) e da Lei de Licitações (art. 87, III). Nesse sentido – e apenas como reforço –, as ilações do Tribunal de Justiça do Pará[12] e do Tribunal de Justiça do Estado do Rio de Janeiro.[13]

Sedimentando a questão, válida a menção ao posicionamento elucidativo do Ministério Público junto ao Tribunal de Contas do Distrito Federal. Vejamos:

> Seria aceitável/coerente, sob a égide do princípio da moralidade e do interesse público, conceber que uma empresa seja, em face a determinada conduta grave verificada, impedida de licitar e contratar com um ente federativo (art. 7º da Lei nº 10520/02) por até 5 (cinco) anos, mas possa continuar licitando e contratando com outro ente federativo; ou mesmo que empresa que teve suspenso o direito de licitar e contratar (inciso III do art. 87 da Lei nº 8666/93) com determinado órgão/entidade de um determinado ente federativo por até 2 (dois) anos possa continuar, por exemplo, participando de licitações e celebrando contratos com outros órgãos/entidades desse mesmo ente federativo?
>
> No entendimento do Poder Judiciário, tomando-se por empréstimo os argumentos extraídos de julgados do STJ, a resposta seria negativa, pois o objetivo da norma é afastar temporariamente o contratado faltoso da possibilidade de ser novamente contratado, preservando a Administração, e vez que à luz do princípio da moralidade (art. 37, caput da Constituição da República) – basilar do Direito Administrativo – interpretar a norma em sentido contrário implica em obliterar o fim último da regra que é tornar inapto, temporariamente, licitante com conduta desviante e descumpridora das cláusulas contratuais pactuadas com o Poder Público.
>
> [...] firmar entendimento no sentido de que, *à luz do entendimento prevalente do Poder Judiciário, as sanções de suspensão temporária de participação em licitação e impedimento de contratar com a Administração,*

---

[11] TJAP – Acórdão 95758 – Processo n. 0000399-12.2016.8.03.0001 – Rel. Juiz Convocado Eduardo Freire Contreras, j. 16.5.2017.

[12] TJPA. AI nº 00363969620118140301 – Belém. Rel. Des. Constantino Augusto Guerreiro, j. 22.11.2012.

[13] TJRJ. APL nº 00038818420128190037 – Nova Friburgo. Rel. Des. Myriam Medeiros da Fonseca Costa, j. 29.4.2015.

prevista no inciso III do art. 87 da Lei nº 8666/1993; de declaração de inidoneidade para licitar ou contratar, prevista no inciso IV do art. 87 da Lei nº 8666/1993; e de impedimento de licitar e contratar, prevista no art. 7º da Lei nº 10520/2002, operam seus efeitos em âmbito geral, alcançando a União, os Estados, o Distrito Federal e os Municípios.[14]

Como se vê, a interpretação dominante é a de que a sanção prevista no art. 7º da Lei do Pregão se estende por todo o território nacional, alcançando a totalidade dos entes da federação que abrem processos de contratações públicas. Ora, aquele que incorre em descumprimento das normas de licitações e contratos administrativos tende a atingir o interesse público no seu duplo viés: o secundário, por causar danos diretos à Administração (no seu próprio interesse patrimonial); e o primário, porquanto a elevação do ônus suportado pelos cofres públicos, inevitavelmente, afeta a manutenção de serviços públicos indispensáveis à coletividade.

Do contrário – e aplicando-se de forma indevida a extensão mínima da penalidade disposta na Lei do Pregão –, restaria estabelecida, como já dito, de forma antijurídica e contrária ao interesse público, a possível fuga da tutela da probidade e moralidade administrativas com o simples cruzar dos limites municipais ou das divisas estaduais (efeito Cinderela), o que, por certo, vai de encontro ao escopo protetivo do interesse público que se instaura no microssistema jurídico de licitações e contratos administrativos.

4 O efeito Cinderela na Nova Lei de Licitações e Contratos Administrativos: em que pé ficamos?

Após um longo e conturbado processo legislativo, a ora chamada Nova Lei de Licitações e Contratos Administrativos já é quase uma realidade. De fato, em 12.3.2021, o Senado remeteu o PL nº 4.353/2020, em sua versão final, para sanção ou veto pelo Poder Executivo. Ainda que haja possibilidade de vetos pontuais, espera-se que a matéria receba sanção expressa no prazo constitucional (15 dias úteis após o envio do PL ao Executivo, na forma do art. 66 e parágrafos da CF/88).

Em específico, o art. 193, II do aludido PL traz expressamente a revogação das leis federais nº 8.666/93 e nº 10.520/2002, após decorridos

---

[14] Trecho do elucidativo Parecer nº 0734/2015-MF, do Ministério Público de Contas do Distrito Federal, no bojo do Processo nº 6138/2015-e.

2 (dois) anos da publicação oficial da nova lei, sendo certo afirmar que a regulamentação integral da matéria constante das leis revogadas estará disposta, doravante, em diploma legislativo único. Nesse contexto, toda a regulamentação em sede legal do pregão passará a ser realizada pela nova lei.

Quanto ao tema aqui exposto, importa destacar que a nova lei traz o que segue em seu Título IV – Das Irregularidades, Capítulo I – Das Infrações e Sanções Administrativas:

Art. 156. Serão aplicadas ao responsável pelas infrações administrativas previstas nesta Lei as seguintes sanções:

I - advertência;

II - multa;

III - impedimento de licitar e contratar;

IV - declaração de inidoneidade para licitar ou contratar.

§1º Na aplicação das sanções serão considerados:

I - a natureza e a gravidade da infração cometida;

II - as peculiaridades do caso concreto;

III - as circunstâncias agravantes ou atenuantes;

IV - os danos que dela provierem para a Administração Pública;

V - a implantação ou aperfeiçoamento e programa de integridade, conforma normas e orientações dos órgãos de controle. [...]

§4º A sanção prevista no inciso III do caput deste artigo será aplicada ao responsável pelas infrações administrativas previstas nos incisos II, III, IV, V, VI e VII do caput do art. 155 desta Lei, quando não se justificar a imposição de penalidade mais grave, e impedirá o responsável de licitar ou contratar no âmbito da Administração Pública direta e indireta do ente federativo que tiver aplicado a sanção, pelo prazo máximo de 3 (três) anos.

§5º A sanção prevista no inciso IV do caput deste artigo será aplicada ao responsável pelas infrações administrativas previstas nos incisos VIII, IX, X, XI e XII do caput do art. 155 desta Lei, bem como pelas infrações administrativas previstas nos incisos II, III, IV, V, VI e VII do caput do referido artigo que justifiquem a imposição de penalidade mais grave que a sanção referida no §4º deste artigo, e impedirá o responsável de licitar ou contratar no âmbito da Administração Pública direta e indireta de todos os entes federativos, pelo prazo mínimo de 3 (três) anos e máximo de 6 (seis) anos. [...]

Art. 158. A aplicação das sanções previstas nos incisos III e IV do caput do art. 156 desta Lei requererá a instauração de processo de responsabilização, a ser conduzido por comissão composta de 2 (dois) ou mais servidores estáveis, que avaliará fatos e circunstâncias conhecidos e intimará o licitante ou o contratado para, no prazo de 15 (quinze) dias úteis, contada da data de intimação, apresentar defesa escrita e especificar as provas que pretenda produzir. [...]

161. Os órgãos e entidades dos Poderes Executivo, Legislativo e Judiciário de todos os entes federativos deverão, no prazo máximo de 15 (quinze) dias úteis, contado da data de aplicação da sanção, informar e manter atualizados os dados relativos às sanções por eles aplicadas, para fins de publicidade no Cadastro Nacional de Empresas Inidôneas e Suspensas (Ceis) e no Cadastro Nacional de Empresas Punidas (Cnep), instituídos no âmbito do Poder Executivo federal.

Parágrafo único. Para fins de aplicação das sanções previstas nos incisos I, II, III e IV do caput do art. 156 desta Lei, o Poder Executivo regulamentará a forma de cômputo e as consequências da soma de diversas sanções aplicadas a uma mesma empresa e derivadas de contratos distintos.

Lamentavelmente, ao contrário do que se poderia imaginar a partir da novel legislação, vislumbra-se um horizonte de retrocesso encampado pela nova lei ao trilhar a contramão de um posicionamento já consolidado no âmbito do Poder Judiciário brasileiro. O Superior Tribunal de Justiça, além de diversos tribunais ao redor do país (conforme amplamente demonstrado no bojo desse artigo), já havia sedimentado a necessidade de estender-se o raio da sanção de impedimento de licitar/contratar por todo o território nacional, sobretudo por conta da natureza una da Administração Pública e pela relevância de serem estabelecidas balizas sancionatórias mais rígidas no âmbito das licitações e contratos administrativos.

Denota-se, portanto, uma opção legislativa que chancela o "efeito Cinderela" nas contratações públicas em âmbito nacional. É dizer: daqui por diante, com a aplicação da nova lei, o particular sancionado com espeque em seu art. 155, III, terá a sua punição restrita ao território do ente federativo que aplicou a penalidade específica. Repita-se, por razões pedagógicas: ao cruzar a divisa estadual ou o limite municipal, tal qual Cinderela e seus sapatinhos de cristal à meia-noite, a empresa sancionada simplesmente lava a sua alma. Suas fraudes e ilícitos anteriores desapareçam. É a abóbora que vira carruagem; os ratos que viram lindos cavalos.

De qualquer forma, outros elementos da nova lei evidenciam ainda mais que a problemática então existente sob a Lei Federal nº 10.520/2002 tenderá, ao menos em tese, a continuar. Em um primeiro plano, basta que se atente para o fato de que o art. 158 da nova lei estabelece o mesmo procedimento para a aplicação tanto da sanção de impedimento de licitar e contratar (art. 156, III) quanto para a sanção de inidoneidade (art. 156, IV). O que se vê, no ponto, é que a preocupação com o devido processo legal é da mesma monta para a imposição de ambas as sanções, a denotar e reafirmar a seriedade das eventuais consequências jurídicas de tais espécies de penalização.

Ainda sob tal enfoque, não há dúvidas de que a própria seriedade das infrações em si (e dos fatos a elas subjacentes) haveria de ensejar um maior alcance ao regime de proteção à Administração Pública, fazendo com que o Poder Público, em sentido amplo, fosse resguardado do contato contratual com aqueles que, em situações pretéritas, tenham infringido de forma grave o regime jurídico administrativo inerente às licitações e contratos.

Quanto às penalidades em si, ainda que se possam inferir, a partir da leitura dos incisos do art. 155 da nova lei, distintas tonalidades em termos de elemento subjetivo nas condutas puníveis dos licitantes ou contratados, é certo que o eventual temperamento e ponderação de tais condutas (e de suas consequências) haveria de ser feito a partir da dosimetria da pena (quantificação da penalidade em seu aspecto temporal) e não, como ora traz a nova lei, a partir da aplicação de uma penalidade mais branda e que incida apenas no âmbito de determinado ente aplicador para as supostas infrações menos graves. Isso tudo, pois, acaba por legitimar a perpetuação do efeito Cinderela nas contratações administrativas brasileiras.

O que se esperava da nova lei, à luz das já aludidas probidade e moralidade administrativas, seria apenas o reconhecimento do "raio nacional" da sanção de impedimento como forma não só de repressão, mas, principalmente, de prevenção contra atos atentatórios à Administração Pública de forma una e integral. Assim, ter-se-ia, a um só tempo, tanto o efeito primário de punição ao infrator quanto o secundário e pedagógico de prevenção geral.

Conforme já exposto, o que resta, por ora, é apenas lamentar a perda da oportunidade regulatória havida com a nova lei e torcer por uma guinada futura no tratamento do âmbito de incidência das penalidades administrativas em licitações e contratos públicos.

5 Conclusão

Assim, conquanto (ainda) prevaleça no TCU o entendimento pelo caráter restritivo da penalidade administrativa disposta no art. 7º da Lei do Pregão (e não obstante a previsão normativa contida na Nova Lei de Licitações e Contratos Administrativos), importa que a

Administração Pública, o Judiciário, os tribunais de contas e até mesmo o Legislativo (este último, especialmente, com urgente alteração do §4º do art. 155 da nova lei), em suas missões institucionais de regulamentação e de controle da atividade administrativa, sedimentem os caracteres de juridicidade dentro dos certames licitatórios e relações contratuais, sobretudo com a ideia matriz e o escopo de inadmitir em licitações e contratações administrativas, em qualquer esfera federativa, os sancionados com as penas tanto do antigo art. 7º da Lei do Pregão como do art. 155, III, da nova lei.

Tudo isso, repisa-se, em harmonia com a probidade e a moralidade administrativas, a bem do interesse público e tendo como matriz a proteção da Administração Pública em face de sujeitos que, em suas condutas digressivas e descumpridoras do regime jurídico administrativo, tenham sido penalizados por outros entes/órgãos da federação.

Referências

CARVALHO, Thiago Mesquita Teles de; CUNHA, Bruno Santos. *Súmulas do TCU*: organizadas por assunto, anotadas e comentadas. 2. ed. Salvador: JusPodivm, 2014.

JUSTEN FILHO, Marçal. *Comentários à Lei de Licitações e Contratos Administrativos*. 14. ed. São Paulo: Dialética, 2010.

MARRARA, Thiago (Org.). *Princípios de direito administrativo*. São Paulo: Atlas, 2012.

Informação bibliográfica deste texto, conforme a NBR 6023:2018 da Associação Brasileira de Normas Técnicas (ABNT):

CUNHA, Bruno Santos; TEIXEIRA JÚNIOR, Flávio Germano de Sena. A (devida) extensão da sanção administrativa imposta com fundamento no art. 7º da Lei Federal nº 10.520/2002 (Lei do Pregão) e a Nova Lei de Licitações e Contratos Administrativos. *In*: CAVALCANTI, Juliana Tôrres de Vasconcelos Bezerra (Coord.). *Direito Administrativo*: temas atuais e relevantes. Belo Horizonte: Fórum, 2021. p. 15-35. ISBN 978-65-5518-179-1.

A EXTINÇÃO DOS CONTRATOS ADMINISTRATIVOS À LUZ DA TEORIA GERAL DO DIREITO CONTRATUAL

ADIEL FERREIRA JR.

1 Introdução

O tema que gira em torno dos contratos, de um modo geral, é sempre um campo aberto à aprendizagem pois, na maioria das vezes, o direito emana do *jeito* como as partes procuram resolver seus conflitos e não originalmente da lei.

Por sua vez, os contratos administrativos são muito mais regulados pois fogem à regra privada em seus dispositivos, a exemplo das chamadas "cláusulas exorbitantes" que dão ao Poder Público uma capacidade superior em relação a outra parte.

Em que pesem os contratos administrativos serem mais regulados, continuam a ser um campo aberto de aprendizagem, já que muitas das questões são resolvidas seja pela aplicação supletiva ou analógica aos princípios da teoria geral dos contratos (art. 54 da Lei nº 8.666/93),[1] seja pelo desenvolver do costume contratual da própria praxe administrativa.

Logo, pode-se ver – *de certa forma* – que os contratos administrativos tomaram um rumo distinto dos contratos privados. Para compreender

---

[1] Lei nº 8.666/93: "Art. 54. Os contratos administrativos de que trata esta Lei regulam-se pelas suas cláusulas e pelos preceitos de direito público, aplicando-se-lhes, supletivamente, os princípios da teoria geral dos contratos e as disposições de direito privado". *Vide* projeto aprovado para nova Lei de Licitações e Contratos Administrativos (LLC), art. 88.

essa discrepância, não se pode dispensar um breve aparato histórico entre as doutrinas e legislações ao longo da história do Brasil.

2 Evolução histórica da extinção dos contratos administrativos no Brasil

O primeiro normativo brasileiro,[2] portanto, sobre licitações foi o Decreto nº 2.926 de 1862, que, todavia, não trazia nenhuma norma relativa aos *contratos administrativos*, até aquele momento, tudo que se tinha em relação aos contratos advinha da analogia à lei portuguesa, da doutrina civilista inspirada no direito romano – por meio da Lei da Boa Razão de 18.8.1769[3] e da comparação com o Código Civil francês.[4]

Todavia, em que pese a ausência de normativo legal, Vicente Pereira do Rego, em 1857, já apontava as diferenças entre os contratos administrativos e privados, inclusive sobre sua extinção, veja-se:

O governo tem sempre o direito de rescindir o contrato, indenizando o contratador [sic], quando a rescisão não provier de culpa sua. Essa indenização versa sobre despesas feitas e não sobre lucros realizáveis. Se, porém, fosse o contratador quem não cumprisse as condições do contrato, far-se-ia outro com um terceiro por conta e risco daquele (Cod. Civ. Fr. Art. 1794)

[...] Os contratos do Governo diferem das convenções particulares: 1.º pela junção de um orçamento, de uma minuciosa avaliação e de um relatório dos encargos; 2.º pela assistência e assinatura dos funcionários públicos contratantes que dão, assim, ao ato, toda a autenticidade necessária.[5]

Em 1916, porém, foi sancionada a Lei nº 3.071, o primeiro Código Civil do país, que trazia normas gerais sobre contratos, o que teve o potencial de levantar algumas discussões ao direito administrativo,

---

[2] Vale salientar que, juridicamente, o que chamamos de "brasileiro" refere-se ao período após a independência do Brasil, dado que até aquele momento prevaleciam as leis portuguesas.
[3] PINTO JÚNIOR, Conselheiro João José. *Curso elementar de direito romano*. Recife: Typographia Economica, 1888. p. 10.
[4] REGO, Vicente Pereira do. *Elementos de direito administrativo brasileiro, comparado com o direito administrativo francez, segundo o methodo de P. Pradier-Foderé*. Recife: Typografia Universal, 1857. p. 47-48.
[5] REGO, Vicente Pereira do. *Elementos de direito administrativo brasileiro, comparado com o direito administrativo francez, segundo o methodo de P. Pradier-Foderé*. Recife: Typografia Universal, 1857. p. 10.

todavia, o Código não se debruçou sobre a extinção dos contratos, permanecendo a matéria a cargo da doutrina.

A primeira norma que trouxe algumas indagações sobre a extinção dos contratos, portanto, foi o Código de Contabilidade da União de 1922, que levantou algumas formalidades mínimas, títulos de crédito oriundos do contrato e aplicações sobre o pagamento do *quantum* devido aos contratados.

Com a chegada do Decreto-Lei nº 200 de 1967 (reforma administrativa), o Brasil pôde verificar questões sobre dispensa, modalidades como a tomada de preços e o convite,[6] detalhes quanto à habilitação e garantia. Esse foi o normativo correspondente até a chegada do primeiro estatuto das Licitações e Contratos, Decreto-Lei nº 2.300 de 1986, que trouxe a redação básica em relação aos contratos, qual seja, cláusulas necessárias, exorbitantes, formalização, alteração, execução, inexecução e rescisão.[7]

Vale dizer que a normatização dos chamados contratos administrativos foi uma forma, sobretudo, de selar sua existência de maneira independente dos contratos entre particulares, pois havia a discussão entre a doutrina estrangeira quanto a esta independência, conforme pode-se verificar na doutrina do saudoso professor Oswaldo Aranha Bandeira de Mello, em 1980, segundo o qual:

> 56. Contrato de direito público ou administrativo.
> 56.1 Discussão sobre sua existência.
> Tema que tem dado margem a grande discussão entre os juristas, sem que se hajam ainda harmonizadas as posições, é do contrato de direito público. [...] Enquanto na França domina orientação favorável, na doutrina e jurisprudência, a respeito desses contratos, lá denominados de contratos administrativos, na Alemanha e na Itália a matéria tem suscitado séria divergência.[8]

Em meio a essas questões surgia, em 2002, o "novo" Código Civil que trouxe um pouco mais de informações sobre a extinção do contrato, como o distrato (arts. 472 e 473), cláusula resolutiva (arts. 474 e 475), exceção do contrato não cumprido (arts. 476 e 477) e a resolução

---

[6] É de se observar que a linguagem do Decreto-Lei nº 200/67 quanto à definição das modalidades de licitação era muito mais clara do que a da atual Lei nº 8666/93.
[7] Vide art. 69 do Decreto-Lei nº 2.300/89.
[8] BANDEIRA DE MELLO, Oswaldo Aranha. *Princípios gerais de direito administrativo*. São Paulo: Malheiros, 2009. p. 670-671.

por onerosidade excessiva (art. 478 a 480), todavia, a própria doutrina civilista reconhece que a legislação é carente nesse ponto, senão, veja-se: "A tentativa de organização metodológica do assunto é, assim, elogiável. Entretanto, a codificação não esgota o tema, sendo interessante buscar socorro na melhor doutrina nacional, visando clarear o obscuro".[9]

A discussão quanto à existência ou não de contratos administrativos entre a doutrina brasileira nos parece superada ao ter alcançado um meio termo, dado que os contratos administrativos são reconhecidos pela legislação e abraçados pela doutrina pátria e, quando há lacunas, não se pode dar as costas para a doutrina cível, pela própria orientação do art. 54 da Lei nº 8.666/93.[10]

Feitas essas considerações, é de se verificar a ausência de orientação técnica quanto à extinção "normal" dos contratos administrativos (e não apenas na rescisão), bem como a resolução do contrato pela exceção do contrato não cumprido e na chamada "cláusula de morte súbita", temas que serão tratados com o devido cuidado a seguir e é de bastante utilidade na praxe administrativa.

3 Das normas relativas à extinção dos contratos aplicáveis direito administrativo

Nesta parte do trabalho, buscaremos pensar os conceitos relativos à extinção dos contratos com uma organização inspirada na doutrina cível, todavia, com o conteúdo material voltado para os contratos administrativos, isto é, levando em consideração o pouco que temos positivado acerca disso, a doutrina, o entendimento dos tribunais e a equidade para que tais preceitos atendam ao interesse público.

Tal organização não pretende "criar" algo que já não tenha sido pensado a respeito pela melhor doutrina, ou que ainda não tenha sido experimentado pela praxe dos Tribunais togados ou de contas. Por outro lado, visamos alocar os institutos relativos à extinção dos contratos a partir dos estudos advindos após o Código Civil e a evolução da teoria contratual.

De início, para fins deste trabalho, o que estamos a chamar de "extinção dos contratos" refere-se a um gênero que engloba todos os institutos conhecidos para que o contrato administrativo possa chegar ao fim: seja por causas naturais ou provocadas. São espécies da extinção, portanto, o termo, a resolução, a rescisão e a resilição.

---

[9] TARTUCE, Flávio. *Manual de direito civil*. 5. ed. São Paulo: Método, 2015. p. 634.
[10] *Vide* art. 88 do projeto para nova Lei de Licitações e Contratos Administrativos.

O projeto para nova Lei de Licitações e Contratos Administrativos (LLC), refere-se ao termo geral "extinção" apenas para as causas provocadas, não fazendo referência direta à hipótese de *termo dos contratos*, mas evitando a utilização indevida do termo "rescisão" (tal como na Lei nº 8.666/93), abrindo espaço para evolução conjunta da teoria geral dos contratos com as normas relativas ao contrato administrativo.

3.1 Termo dos contratos

O termo do contrato (ou o efeito de levar o contrato a termo), para fins de entendimento deste trabalho, refere-se à extinção "normal" do contrato, em que aquilo que fora pactuado entre as partes foi devidamente satisfeito. Esse termo pode ocorrer de duas maneiras, a saber, (1) por força do cumprimento do objeto ou (2) pelo término do prazo contratual sem renovação.

Aliás, sabiamente José dos Santos Carvalho Filho trouxe, em seu manual, a diferenciação entre cumprimento do objeto ou término do prazo. Acerca desses dois institutos, há de se verificar o que trouxe o professor:

> [Acerca do cumprimento do objeto] Trata-se de forma natural de extinção dos contratos administrativos. Se o Poder Público e o particular ajustam, por exemplo, a realização de um serviço ou o fornecimento de um bem, realizado o serviço ou fornecido o bem, e recebido o preço, ficam satisfeitas as partes. [...]
> [Acerca do término do prazo] Há contratos que preveem que as obrigações deles derivadas perdurem por um determinado lapso de tempo, fixando-se, em consequência, um termo final. Advindo esse termo final, o contrato se extingue naturalmente.[11]

Como se pode observar, quando o *termo* do contrato se dá pela *execução*, basta que as obrigações sejam satisfeitas; por outro lado, quando o contrato tem prazo definido, a exemplo dos contratos de prestação de serviço com mão de obra exclusiva, diz-se concluir pelo *término do prazo*.[12]

---

[11] CARVALHO FILHO, José dos Santos. *Manual de direito administrativo*. São Paulo: Atlas, 2017. p. 222.
[12] Nos pareceria adequado utilizar o termo "caducidade" para esse instituto, todavia, não queremos criar uma confusão com o termo utilizado na Lei nº 8.987/95 para extinção do contrato de concessão e permissão de serviços públicos por culpa do concessionário.

É de se pensar que, ao *termo* do contrato, não existam mais obrigações – o que é natural, se analisados os conceitos apenas do ponto de vista teórico. Todavia, vale ressaltar que são muito comuns as obrigações posteriores à contratação, sobretudo com o fornecimento de mão de obra.

Basta verificarmos a situação de empregados que estão em gozo de estabilidade por qualquer razão da lei específica: a empresa seria obrigada a realocá-lo em contrato diverso ou a nova empresa que adjudicou o objeto deveria admiti-lo? Caso haja o reconhecimento judicial de condições insalubres ou perigosas após o término do contrato, a empresa deverá arcar sozinha com tais demandas?

No bojo dessas hipóteses, nos chama a atenção o §2º do art. 79 da Lei nº 8.666/93,[13] segundo o qual, quando a rescisão se operar por culpa da Administração, sem que o contratado tenha concorrido, este será ressarcido pelo custo da desmobilização.

Todavia, não há previsão legal para o pagamento da desmobilização para o *termo* do contrato. Obviamente, a empresa contratada deve arcar com qualquer custo relativo ao contrato, mas com lastro no valor recebido pela Administração.

É que a empresa contratada pela Administração, para servi-la, não *faz dinheiro*, ali não vende nem cobra tarifas. Portanto, todo o custo decorrente do contrato deve ter vinculação com o valor que recebe pela Administração, do contrário, configura-se um enriquecimento ilícito e obriga a empresa a fazer um contingenciamento indevido: tirando de outros contratos para suprir as necessidades da Administração.

3.2 Extinção dos contratos administrativos por fatos anteriores à celebração

A doutrina contratualista elenca três situações para a extinção dos contratos por fatos anteriores: (1) anulação do contrato, (2) cláusula de arrependimento e (3) cláusula resolutiva expressa, entretanto, algumas diferenciações devem ser feitas nesse estudo pois, por exemplo, não há aplicação de cláusula de arrependimento em contratos administrativos, seja porque a Administração Pública não celebra contratos administrativos de relação consumerista, seja em razão da impossibilidade de desistência da proposta sem justa causa.[14]

---

[13] *Vide* art. 137, §2º do projeto para nova Lei de Licitações e Contratos Administrativos.
[14] Lei nº 8.666/93: "Art. 43. A licitação será processada e julgada com observância dos seguintes procedimentos: [...] §6º Após a fase de habilitação, não cabe desistência de proposta,

Dentro do aspecto de validade do contrato administrativo, este pode ser extinto por duas razões: *invalidade do processo licitatório* que vicia o contrato administrativo e a *cláusula de morte súbita*, situações que se firmam por questões anteriores à celebração do contrato, isto é, fazem parte da negociação prévia.

O contrato administrativo é um produto da licitação pública[15] e, como tal, a *invalidade do processo licitatório* induz à do contrato. Aliás, esta situação jurídica encontra-se prevista expressamente na Lei nº 8.666/93, *in verbis*:

Art. 49. [...]
§2º A nulidade do procedimento licitatório induz à do contrato, ressalvado o disposto no parágrafo único do art. 59 desta Lei. [...]
Art. 59. A declaração de nulidade do contrato administrativo opera retroativamente impedindo os efeitos jurídicos que ele, ordinariamente, deveria produzir, além de desconstituir os já produzidos.[16]

Por outro lado, a "cláusula de morte súbita" trata-se de um instituto que vem a partir do §3º do art. 57 da Lei nº 8.666/93, pelo qual é vedado o contrato com prazo de vigência indeterminado. Vale dizer que o instituto da duração determinada dos contratos demonstra uma proteção ao planejamento público,[17] bem como por atender a uma demanda própria dos negócios públicos visando à melhoria contínua na administração dos bens públicos.[18]

Dentro desta perspectiva, após o período que se tiver estipulado para o contrato e seus termos aditivos, a Administração deverá proceder com novo procedimento licitatório e, geralmente no último aditivo, deve colocar uma cláusula em que o contrato poderá ser extinto *a qualquer*

---

salvo por motivo justo decorrente de fato superveniente e aceito pela Comissão", sem uma correspondência direta no projeto aprovado para nova Lei de Licitações e Contratos Administrativos.

[15] Podemos concluir tal afirmação em razão da previsão constitucional da licitação pública prévia ao contrato administrativo, na forma do art. 37, inc. XXI da Constituição Federal de 1988.

[16] *Vide* art. 147 do projeto para nova Lei de Licitações e Contratos Administrativos.

[17] Pois, nas licitações brasileiras, via de regra, o contrato deve estar adstrito à vigência dos respectivos créditos orçamentários, na forma do art. 57 da Lei nº 8.666/93, *vide* art. 104 do projeto para nova Lei de Licitações e Contratos Administrativos.

[18] VANDEPOOTER, Astrid Boullaut et Alexandre. Les contrats publics à durée indéterminée. Durée des contrats publics: aspects pratiques. *Contrats Publics*, ed. 150. p. 61. Disponível em: moniteurjuris.fr/contratspublics. Acesso em: 11 maio 2020.

momento,¹⁹ isto é, para quando a nova licitação estiver concluída e o objeto do antigo contrato passar a ser adjudicado para o vencedor da nova licitação. Também é comum em contratos emergenciais, em que o estado de coisas não permite esperar pelo procedimento.

A utilização deste termo já foi cunhada, inclusive, pelo Tribunal de Contas da União, a exemplo do Acórdão nº 2.803/2019, julgado pelo plenário e relatado pelo Ministro André de Carvalho numa auditoria junto à Companhia Pernambucana de Saneamento, cujo excerto exemplifica o referido instituto na prática, veja-se:

> 106. Contudo, quando da formalização do 8º Termo Aditivo, em 28/6/2018, a Compesa entendeu pela necessidade de realizar uma licitação para contratação de um novo instrumento para os serviços de supervisão. Na oportunidade foi prorrogada a continuidade do contrato de supervisão vigente por mais seis meses, até 30/12/2018 (Evidência 54). Já o 9º Termo Aditivo, acordado em 28/12/2018, prorrogou o prazo por mais seis meses, considerando a necessidade de concluir o certame e adicionou *cláusula de 'morte súbita'* encerrando-se imediatamente a avença em 30/6/2019 ou até a conclusão do procedimento licitatório 130/2018, o que viesse primeiro (Evidência 54). (Grifos nossos)

A cláusula de morte súbita, portanto, se opera de pleno direito²⁰ e preenche os requisitos da chamada *cláusula resolutiva expressa*, quais sejam: (1) evento futuro e incerto (2) previsão expressa no pacto, vale ressaltar que, ainda que esteja prevista em termos aditivos, não está separada do instrumento principal, todavia, faz parte dele, portanto, anterior à celebração.²¹

Um problema corriqueiro, porém, na aplicação da cláusula de morte súbita é a falsa impressão de que, uma vez declarado vencedor na nova licitação, o atual executor do contrato pode sair abruptamente, tal qual uma *morte súbita*.

Ora, a legislação, mais uma vez, não trata de cláusula de morte súbita e os contratos seguem essa ausência; todavia, isso não pode ser fundamento para que a Administração exija a desmobilização da contratada em um prazo de 5 ou 10 dias, por exemplo.

---

¹⁹ Daí o termo "morte súbita".
²⁰ "Art. 474. A cláusula resolutiva expressa opera de pleno direito; a tática depende de interpelação judicial".
²¹ TARTUCE, Flávio. *Direito civil*. Teoria geral dos contratos e contratos em espécie. São Paulo: Forense, 2019. v. 3. p. 363.

Na correta aplicação do princípio da proporcionalidade, ainda que se tenha uma cláusula resolutiva expressa e que se opera de pleno direito, como é o caso da cláusula de morte súbita, a saída do atual executor deve se dar com no mínimo trinta dias, sob pena de este último arcar com despesas que não provocou, como aviso prévio indenizado, desmobilização abrupta do objeto do contrato, entre outros.

Vale salientar, por fim, que é direito da Administração a exigência da saída imediata se arcar com todos os custos devidos que surgem em decorrência de sua decisão, dentro da mesma perspectiva econômica trazida acima: os custos da contratada que serve à Administração devem corresponder ao valor do contrato.

3.3 Rescisão

3.3.1 Generalidades

O Código Civil, como falado, ainda deixa a desejar no que diz respeito aos institutos da rescisão.[22] Não é por outra razão que a doutrina moderna ainda diverge em relação a este conceito.

Para Cristiano Chaves de Farias e Nelson Rosenvald, a rescisão é a "desconstituição do negócio jurídico por um vício objetivo anterior à celebração do contrato".[23] Para Carlos Roberto Gonçalves, em um ponto de vista parecido, a rescisão ocorre nas "hipóteses de dissolução de determinados contratos, como aqueles em que ocorreu *lesão* ou que foram celebrados em *estado de perigo*",[24] isto é, vícios também anteriores ao contrato.

Flávio Amaral Garcia,[25] ilustre doutrinador administrativista, diferencia *rescisão*, por ser motivada pelo inadimplemento de uma das partes, de *resolução*, esta pela impossibilidade de continuidade do contrato, sem culpa das partes, e *resilição*, pela vontade das partes que não desejam prosseguir com o contrato, apontando para uma incorreção do termo na Lei Geral de Licitações e Contratos.

---

[22] Aliás, a única vez que o Código Civil utiliza o termo "rescisão" é no art. 445, no que se refere à evicção.
[23] FARIAS, Cristiano Chaves de; ROSENVALD, Nelson. *Curso de direito civil*. 5. ed. São Paulo: Atlas, 2015. p. 539.
[24] GONÇALVES, Carlos Roberto. *Direito civil brasileiro*. 15. ed. São Paulo: Saraiva, 2018. v. 3. p. 104.
[25] GARCIA, Flávio Amaral *apud* OLIVEIRA, Rafael Carvalho Rezende. *Licitações e contratos administrativos*. Teoria e prática. 4. ed. São Paulo: Método, 2015. p. 234.

Todavia, em que pese a devida vênia e reverência aos doutrinadores citados, bem como, visando ao objetivo deste trabalho, qual seja, trazer uma organização da nossa praxe administrativista com os princípios do direito contratual de modo crítico, vale buscar e utilizar a doutrina que mais corrobora com nossa legislação, para que não haja uma discussão que não contribua para a prática da nossa Administração Pública.

Assim, vislumbrando o art. 77 da Lei nº 8.666/93, a rescisão é causada pela inexecução total ou parcial do contrato, acarretando as consequências contratuais e as da legislação.[26]

Pois bem. Assim, parece-nos razoável dizer que a *rescisão* é um gênero de situações (espécies) que ocorrem por *razões posteriores à celebração do contrato*, ao contrário do que lecionam os doutrinadores acima citados.

Parece-nos, portanto, mais oportuno para o estudo comparado dos contratos administrativos atermo-nos ao conceito de rescisão do Professor Flávio Tartuce, segundo o qual:

> Como terceira forma básica, o contrato pode ser extinto por fatos posteriores ou supervenientes à sua celebração. Toda vez em que há a extinção do contrato por fatos posteriores à celebração, *tendo uma das partes sofrido prejuízo*, fala-se em rescisão contratual. [...]

A partir dos entendimentos doutrinários referenciados no início do capítulo, pode-se afirmar que a *rescisão* (que é o gênero) possui as seguintes espécies: *resolução* (extinção do contrato por descumprimento) e *resilição* (dissolução por vontade bilateral ou unilateral, quando admissível por lei, de forma expressa ou implícita, pelo reconhecimento de um direito potestativo).[27]

Pois bem. Tanto a resolução quanto a resilição encontram guarida na Lei Geral de Licitações e Contratos Administrativos como espécies do termo *rescisão* que, em nosso meio, é utilizado indistintamente para os dois casos, no âmbito dos arts. 77 a 80.

Como dito, o projeto para nova Lei de Licitações e Contratos Administrativos (LLC) evita a utilização do termo "rescisão" de maneira inadequada (tal qual a Lei nº 8.666/93), substituindo-o pelo termo geral

---

[26] "Art. 77. A inexecução total ou parcial do contrato enseja a sua rescisão, com as consequências contratuais e as previstas em lei ou regulamento". *Vide* art. 136, inc. I do projeto para nova Lei de Licitações e Contratos Administrativos.

[27] TARTUCE, Flávio. *Manual de direito civil*. 10. ed. São Paulo: Método, 2020. p. 995.

"extinção" entre os arts. 136 a 138, permitindo que a doutrina contratual faça as devidas distinções.

3.3.2 Resolução e resilição dos contratos administrativos

A resolução contratual, isto é, por descumprimento contratual é uma cláusula óbvia em todos os contratos, por isso que, ainda que não esteja escrita, considera-se como cláusula resolutória tácita, pois cada parte contratante deve cumprir com o que se obrigou.

No âmbito privado, a cláusula resolutória tácita deve ser sempre precedida de uma ação de rescisão contratual de procedimento comum (arts. 319 e 320 do Código de Processo Civil). Já para os contratos administrativos, essa regra é mitigada para a Administração Pública em razão de uma das cláusulas exorbitantes.

É que o art. 78 da Lei Geral divide a motivação para a resolução contratual em três categorias, quais sejam, *motivos imputáveis ao contratado*, como o não cumprimento das cláusulas, a subcontratação sem previsão, decretação de falência, entre outros; *motivos imputáveis à administração*, como a suspensão da execução por ordem escrita da Administração; e *motivos não imputáveis às partes*, como os casos de força maior ou caso fortuito.[28]

Assim, nos casos em que os motivos são imputáveis ao contrato, a Administração tem a prerrogativa de rescindir o contrato de forma unilateral e escrita mediante ato administrativo, conforme art. 79, inc. I.

O mesmo não se pode dizer da resolução por motivos imputáveis à Administração, pois, nessa situação, segue-se o art. 474 do Código Civil, segundo o qual "A cláusula resolutiva expressa opera de pleno direito;[29] a tática depende de interpelação judicial". Dessa forma, como o contrato administrativo tem presunção de legitimidade, por um consectário lógico, a resolução somente pode se dar mediante sentença judicial na forma do art. 79, inc. III.

Uma das situações que ensejam a resolução contratual por motivos imputáveis à administração é a que está prevista no inc. XV,[30] que autoriza a extinção contratual após o atraso superior a 90 (noventa) dias dos pagamentos devidos, podendo o contratado optar pela suspensão das obrigações assumidas.

---

[28] OLIVEIRA, Rafael Carvalho Rezende. *Licitações e contratos administrativos*. Teoria e prática. 4. ed. São Paulo: Método, 2015. p. 233-234.
[29] A cláusula resolutiva tácita, no âmbito dos contratos administrativos, é a já citada "cláusula de morte súbita" que se opera de pleno direito.
[30] *Vide* art. 136, §2º, inc. IV do projeto para nova Lei de Licitações e Contratos Administrativos.

Tal inciso referendou, explicitamente, o princípio da exceção do contrato não cumprido, também trazido no Código Civil de 2002 nos arts. 476 e 477, que preveem que nenhum dos contratantes, antes de cumprida a sua obrigação, pode exigir o implemento da do outro.

Assim, não nos parece razoável entender que a Administração tem o "direito" de atrasar por noventa dias ou a empresa tem o "dever" de suportar o atraso por até noventa dias, como erroneamente vêm aplicando os órgãos públicos. A diferença é que a *resolução* ou a suspensão do contrato administrativo, por completo, deve aguardar esse prazo.

Na Administração Pública, em regra, não se leva em conta a boa-fé subjetiva (que persegue a intenção/vontade do agente) mas a boa-fé objetiva que visa analisar sua conduta, independentemente da intenção. Assim, a Administração deve adotar todas as cautelas para evitar ou atenuar os danos que possam ser causados àqueles que, de boa-fé, celebraram consigo um contrato bilateral.

É dispensável dizer, portanto, que a Administração Pública tem o dever de pagar o contratado em dia, sob pena de, ela mesma, provocar a inexecução parcial – inclusive – dentro do período de noventa dias. É, portanto, um abuso de poder aplicar sanções contratuais decorrentes do atraso da própria Administração, ainda que por período menor que noventa dias.

Por outro lado, existe a possibilidade de *resilição* administrativa, isto é, a rescisão amigável, por acordo. Pelo princípio da liberdade contratual, não há necessidade no direito privado de motivação expressa da razão da resilição.

Todavia, o legislador levantou esta necessidade para a Administração quando condicionou a *resilição* "desde que haja conveniência para a Administração"; em outras palavras, deve haver mérito administrativo.

Assim, não poderá, o gestor de contratos, convidar à *resilição* um contrato com uma empresa que ele, simplesmente, não goste ou porque quer outra de sua preferência no lugar. Bem como não poderá motivar a *resilição* por fato causador de penalidade administrativa, se esquivando do seu dever de aplicar a penalidade prevista em lei.

Por fim, o gestor de contratos deverá submeter seu requerimento de *resilição* à autoridade superior, este, por sua vez, também deve fundamentar a autorização, conforme o §1º do art. 79 da Lei Geral.[31] Tal exigência leva-nos a crer que é altamente recomendado um parecer

---

[31] *Vide* art. 137, §1º do projeto para nova Lei de Licitações e Contratos Administrativos.

jurídico para o auxílio da decisão, pois, em que pese ser um ato amigável, se o motivo for nulo, deverá ser desfeito.³²

4 Conclusão

Um trabalho científico não tem o condão ou a competência de esgotar qualquer matéria que seja, ao contrário, seu dever é levantar questionamentos plausíveis, problemáticas e novas dúvidas. Na ciência, duvidar é essencial.

Nessa perspectiva e na limitação natural de um trabalho como este, pudemos revisitar o assunto da rescisão contratual, a fim de facilitar, ao operador do direito, seja do âmbito público como do âmbito privado, a operacionalização do que diz o art. 54 da Lei nº 8.666/93,³³ ou seja, da aplicação supletiva da teoria geral dos contratos às contratações públicas.

Não é por outra razão que a prática administrativista exige conhecimentos em diversas áreas, assim, ficamos confiantes que, ao final, o leitor possa compreender a necessidade do conhecimento histórico e da evolução da doutrina trazidos para real compreensão da problemática, qual seja, de que não se pode fazer uma aplicação supletiva da teoria geral "às cegas", faz-se necessário colocar o operador administrativista na linguagem e na discussão atual do direito contratual.

Como exposto no decorrer do texto, há doutrinas divergentes e legislações que não evoluíram juntas ao longo dos anos. Por essa razão, temos a expectativa de que essa discussão acerca da extinção dos contratos continue e que outros profissionais, estudantes e professores possam divergir, convergir e evoluir.

Referências

BANDEIRA DE MELLO, Oswaldo Aranha. *Princípios gerais de direito administrativo*. São Paulo: Malheiros, 2009.

CARVALHO FILHO, José dos Santos. *Manual de direito administrativo*. São Paulo: Atlas, 2017.

FARIAS, Cristiano Chaves de; ROSENVALD, Nelson. *Curso de direito civil*. 5. ed. São Paulo: Atlas, 2015.

---

[32] Conforme a teria dos motivos determinantes, já consolidada na doutrina administrativista brasileira.
[33] Aplica-se a mesma ideia ao novo projeto aprovado (*vide* art. 88).

GONÇALVES, Carlos Roberto. *Direito civil brasileiro*. 15. ed. São Paulo: Saraiva, 2018. v. 3.

OLIVEIRA, Rafael Carvalho Rezende. *Licitações e contratos administrativos*. Teoria e prática. 4. ed. São Paulo: Método, 2015.

PINTO JÚNIOR, Conselheiro João José. *Curso elementar de direito romano*. Recife: Typographia Economica, 1888.

REGO, Vicente Pereira do. *Elementos de direito administrativo brasileiro, comparado com o direito administrativo francez, segundo o methodo de P. Pradier-Foderé*. Recife: Typografia Universal, 1857.

TARTUCE, Flávio. *Direito civil*. Teoria geral dos contratos e contratos em espécie. São Paulo: Forense, 2019. v. 3.

TARTUCE, Flávio. *Manual de direito civil*. 10. ed. São Paulo: Método, 2020.

TARTUCE, Flávio. *Manual de direito civil*. 5. ed. São Paulo: Método, 2015.

VANDEPOOTER, Astrid Boullaut et Alexandre. Les contrats publics à durée indéterminée. Durée des contrats publics: aspects pratiques. *Contrats Publics*, ed. 150. Disponível em: moniteurjuris.fr/contratspublics. Acesso em: 11 maio 2020.

Informação bibliográfica deste texto, conforme a NBR 6023:2018 da Associação Brasileira de Normas Técnicas (ABNT):

FERREIRA JR., Adiel. A extinção dos contratos administrativos à luz da teoria geral do direito contratual. *In*: CAVALCANTI, Juliana Tôrres de Vasconcelos Bezerra (Coord.). *Direito Administrativo*: temas atuais e relevantes. Belo Horizonte: Fórum, 2021. p. 37-50. ISBN 978-65-5518-179-1.

O REGIME REMUNERATÓRIO DAS CONCESSÕES PÚBLICAS BRASILEIRAS

PEDRO DIAS DE OLIVEIRA NETTO

1 Introdução

O presente artigo abordará as possibilidades de remunerações das concessões de serviços públicos no Brasil. Embora sejam amplas e diversificadas as pesquisas realizadas sobre as concessões públicas no direito comparado, o estudo limitar-se-á, em grande parte, em analisar este instituto por meio da doutrina nacional e da legislação pertinente ao tema, sendo dividido em quatro seções.

Inicialmente, serão feitas considerações iniciais para demonstrar a evolução histórica das concessões públicas nacionais.

As concessões de serviço público serão analisadas sob a ótica da Lei nº 8.987/95. Neste ponto, a remuneração do concessionário será tratada, sobretudo, como aquela obtida pela cobrança das tarifas. Também serão estudados os métodos para a fixação da tarifa e o equilíbrio econômico-financeiro.

Em sequência, examinaremos a natureza jurídica das contraprestações pagas pelo Poder Público à concessionária na modalidade de uma concessão patrocinada ou administrativa (parcerias público-privadas), sendo estas consideradas concessões especiais que surgiram com a vigência da Lei nº 11.079/04.

Por derradeiro, será analisado o incentivo fiscal como mecanismo (in)direto de pagamento. Assim, serão abordadas as modalidades de incentivos fiscais previstas no ordenamento jurídico brasileiro e os efeitos acarretados às concessionárias e aos usuários do serviço público em decorrência dos incentivos concedidos.

2 Evolução histórica das concessões de serviços públicos no Brasil

O conceito clássico dos contratos de concessões remete ao julgamento do caso *Gaz de Bordeaux*, de 1916, em que o Conselho de Estado da França deu os primeiros passos para delimitar no que, de fato, consistiria a concessão de serviço público, o qual se disseminou perante outros ordenamentos jurídicos que se espelhavam no ordenamento jurídico francês.[1]

O objetivo desta caracterização era identificar quais contratos administrativos poderiam ser considerados uma concessão ou não. Assim, a definição ficou estabelecida da seguinte maneira:

> A concessão é um modo de gestão resultante de um ato denominado de 'contrato de concessão', pelo qual uma pessoa administrativa (o concedente) encarrega outra pessoa, física ou jurídica, privada ou por vezes pública (o concessionário), de gerir e de fazer funcionar por sua conta e risco um serviço público, mediante diversas vantagens, notadamente o recebimento de taxas dos usuários.[2]

Para analisar o instituto das concessões brasileiras, é preciso compreender que foram absorvidas várias características de herança portuguesa. O recurso da Coroa portuguesa às concessões, seja para ocupação de extensões territoriais, seja para delegar a exploração de atividades comerciais e rotas marítimas, foi determinante na colonização brasileira.[3]

Durante o período da vinda da família real para o Brasil, em 1808, já se verifica atos concessórios emanados do príncipe regente D. João VI. Já no ano de sua chegada ao país, o regente editou a Carta Régia de 24.11.1808, concedendo a Luiz de Souza Menezes, por dez anos, o direito e o privilégio de explorar a mineração de ferro em Minas Gerais.[4] Semelhante ocorreu à concessão de comércio entre as capitanias de Goiás e do Pará, outorgada por meio da Carta Régia de 5.9.1811,

---

[1] PEREZ, Marcos Augusto. *O risco no contrato de concessão de serviço público*. Belo Horizonte: Fórum, 2006. p. 58.

[2] AUBY, Jean-Marie; DUCOS-ADER, Robert, 1969 *apud* SCHWIND, Rafael Wallbach. *Remuneração do concessionário*: concessões comuns e parcerias público-privadas. Belo Horizonte: Fórum, 2010. p. 26.

[3] MARQUES NETO, Floriano de Azevedo. *Concessões*. Belo Horizonte: Fórum, 2015. p. 75.

[4] *Cartas de Alvarás, Decretos e Cartas Régias*, 1891, p. 165.

em que foram concedidos privilégios de realização do comércio entre as duas capitanias.⁵ Destarte, o recurso às concessões seguiu firme após a independência do Brasil. Em 29.8.1828, D. Pedro I editou lei que estabelecia regras para a construção de obras públicas necessárias para navegações de rios, aberturas de canais, edificação de estradas, pontes, calçadas ou aquedutos.⁶ D. Pedro II, em seu longo período de reinado efetivo, foi o governante que mais recorreu ao instituto da concessão, seja para permitir a implantação e a operação de utilidades públicas, seja para admitir que particulares explorassem atividades ou inventos.⁷

Objetivando estabelecer uma comparação pretérita e atual das concessões de serviços públicos brasileiras, importante se faz abordar as lições doutrinárias predominantes, das quais cito, por exemplo, os juristas Mauricio Portugal Ribeiro,⁸ Navarro Prado e Francisco Cavalcanti,⁹ que, por via de regra, dividem a evolução dos contratos de concessão no Brasil em três fases.

A primeira fase ocorreu no final do século XIX, em período no qual a carência de recursos técnicos e capital nacional, para viabilizar a implantação dos projetos de infraestrutura, fazia necessária a criação de um ambiente que desse aos investidores internacionais a segurança para a realização dos investimentos. A principal função dos contratos de concessão então celebrados era proteger o concessionário de eventual concorrência pelos anos necessários à amortização do seu investimento, e, dessa forma, garantir o adequado retorno na implementação e operação do serviço.¹⁰

Francisco Cavalcanti ressalta que as concessões desta época foram utilizadas em atividades que demandariam elevados investimentos e representavam o domínio de tecnologia mais avançada. Desse modo, as concessões durante o período Imperial representaram importante forma de exploração econômica de serviços de competência estatal.¹¹

---

⁵ *Coleção de Leis do Império do Brasil*, 1811, p. 101.
⁶ MARQUES NETO, Floriano de Azevedo. *Concessões*. Belo Horizonte: Fórum, 2015. p. 79.
⁷ MARQUES NETO, Floriano de Azevedo. *Concessões*. Belo Horizonte: Fórum, 2015. p. 80.
⁸ RIBEIRO, Mauricio Portugal; PRADO, Lucas Navarro. *Comentários à Lei de Parceria Público-Privada* – Fundamentos econômico-jurídicos. São Paulo: Malheiros, 2007. p. 37.
⁹ CAVALCANTI, Francisco. Da limitação das parcerias público-privadas ao modelo de concessões: equívocos do legislador brasileiro. *In*: MATILLA CORREA, Andry; CAVALCANTI, Bruno (Org.). *Estudios latinoamericanos sobre concesiones y PPP*. Cuba: Ratio Legis Librería Jurídica, 2013.
¹⁰ RIBEIRO, Mauricio Portugal; PRADO, Lucas Navarro. *Comentários à Lei de Parceria Público-Privada* – Fundamentos econômico-jurídicos. São Paulo: Malheiros, 2007. p. 37.
¹¹ CAVALCANTI, Francisco. Da limitação das parcerias público-privadas ao modelo de concessões: equívocos do legislador brasileiro. *In*: MATILLA CORREA, Andry;

Exemplos típicos dessa fase das concessões eram os contratos para a construção de ferrovias e prestação do serviço ferroviário de carga e de passageiros, conforme mencionado anteriormente, seu marco temporal situou-se na época Imperial do final do século XIX. As primeiras ferrovias brasileiras, como a D. Pedro II, a Estrada de Ferro do Recife, a Estrada de Ferro da Província de Pernambuco, a Estrada de Ferro da Bahia à Vila de Juazeiro, a Estrada de Ferro de Mauá, a Estrada de Ferro Santos-Jundiaí,[12] são algumas concessões de serviço público deste período.

No que tange ao aspecto remuneratório, o concessionário era ressarcido integralmente pelo custo da obra e, também, pelo valor de até 5% sobre o valor total a título de remuneração. Ainda, a Administração Pública garantia ao concessionário a exclusividade do uso de cinco léguas de terra, para cada lado, ao longo da ferrovia, as quais podiam ser exploradas pelo concessionário e nas quais nenhuma outra infraestrutura de transporte poderia ser implantada.[13]

Pode-se observar que algumas características das concessões de serviço público pretéritas podem ser comparadas com o modelo atual. Para tanto, faço menção à pesquisa elaborada pelo jurista Francisco Cavalcanti, ao analisar a obra de Veiga Cabral, cujos elementos da concessão da Estrada de Ferro D. Pedro II podem ser sintetizados da seguinte maneira:

a) autorização legislativa, na Resolução Legislativa n. 641, de 26 de junho de 1852;

b) a concessão, compreendendo o "privilégio do caminho de ferro", por prazo não superior a noventa anos, contado da incorporação da companhia;

c) direito da companhia de desapropriar, na forma da lei, os terrenos particulares necessários ao leito do caminho de ferro, estações, armazéns e demais obras adjacentes, "sendo-lhe para o mesmo fim concedidos os terrenos devolutos e nacionais";

d) exclusividade, não se podendo conceder outros caminhos de ferro a uma distância de cinco léguas de cada um dos lados, salvo acordo com a concessionária;

CAVALCANTI, Bruno (Org.). *Estudios latinoamericanos sobre concesiones y PPP*. Cuba: Ratio Legis Librería Jurídica, 2013. p. 239.

[12] CAVALCANTI, Francisco. Da limitação das parcerias público-privadas ao modelo de concessões: equívocos do legislador brasileiro. *In*: MATILLA CORREA, Andry; CAVALCANTI, Bruno (Org.). *Estudios latinoamericanos sobre concesiones y PPP*. Cuba: Ratio Legis Librería Jurídica, 2013. p. 237.

[13] RIBEIRO, Mauricio Portugal; PRADO, Lucas Navarro. *Comentários à Lei de Parceria Público-Privada* – Fundamentos econômico-jurídicos. São Paulo: Malheiros, 2007. p. 37.

e) durante o prazo da concessão, teria a concessionária "direito de perceber os preços de transportes fixados pelo governo na tabella organizada de accordo com a companhia, cujo máximo não excederá o custo actual das conducções garantindo o governo à concessionária o juro de até 5% do capital empregado na construção da estrada de ferro.[14]

A segunda fase da evolução dos contratos de concessão ocorreu a partir dos anos 30 do século XX.[15] Especificamente durante o Governo de Getúlio Vargas, com a criação de instrumentos para intervenção direta do Estado na atividade econômica, como a criação de diversas empresas estatais, sobretudo nos setores de infraestrutura e de indústria de base.

Diante deste cenário, os contratos de concessões perderam sua força. Como os contratos eram celebrados com entes controlados pelo Governo, o contrato de concessão tornou-se, de certo modo, dispensável em relação ao poder que o Governo já detinha enquanto controlador das estatais. Em alguns casos, os contratos sequer eram celebrados, ou o foram anos após o início da exploração do serviço pelas respectivas estatais.

Destarte, salienta-se a opinião de Walter Álvares, no final dos anos setenta do século passado, quando abordou questões atinentes à desorganização e à insegurança jurídica do instituto das concessões no setor de energia elétrica:

[...] como a União, há mais de quarto de século, não tem assinado contratos de concessão, segue-se que todas essas atuais concessões outorgadas estão sem condições expressas e, na hipótese de encerrada a concessão ao fim de trinta anos [...] será necessariamente com indenização [...] como essas não tem sido assinados segue-se que todas as atuais concessões estão sem prazo certo. Por conseguinte, se não se conhece o prazo, a rigor não se poderá falar em reversão, desde que a reversão só ocorre ao término do contrato de concessão.[16]

---

[14] VEIGA CABRAL, Prudêncio Giraldes Tavares. *Direito administrativo brasileiro*, 1857. p. 408-409 *apud* CAVALCANTI, Francisco. Da limitação das parcerias público-privadas ao modelo de concessões: equívocos do legislador brasileiro. *In*: MATILLA CORREA, Andry; CAVALCANTI, Bruno (Org.). *Estudios latinoamericanos sobre concesiones y PPP*. Cuba: Ratio Legis Librería Jurídica, 2013. p. 238.

[15] RIBEIRO, Maurício Portugal; PRADO, Lucas Navarro. *Comentários à Lei de Parceria Público-Privada* – Fundamentos econômico-jurídicos. São Paulo: Malheiros, 2007. p. 38.

[16] ÁLVARES, Walter. *Curso de direito da energia*, 1978. p. 328 *apud* CAVALCANTI, Francisco. Da limitação das parcerias público-privadas ao modelo de concessões: equívocos do legislador brasileiro. *In*: MATILLA CORREA, Andry; CAVALCANTI, Bruno (Org.). *Estudios latinoamericanos sobre concesiones y PPP*. Cuba: Ratio Legis Librería Jurídica, 2013. p. 243.

Verifica-se, portanto, que diversos problemas foram encontrados nesta segunda fase das concessões de serviço público no Brasil. O preço político das tarifas, a insegurança jurídica dos procedimentos impositivos de sanção, entre outros vícios formais e materiais apresentaram-se em praticamente todas as áreas nas quais a figura da concessão esteve presente. Não obstante, em alguns casos, as concessões foram outorgadas sem procedimentos seletivos, muitas vezes em função de meros favorecimentos, como aconteceu com o setor de transporte rodoviário de passageiros no âmbito interestadual.[17]

Por fim, a terceira fase da história dos contratos de concessão de serviço público ocorreu a partir dos anos noventa, quando ocorreram modificações de relevo para atender ao novo modelo de Estado pretendido.

Nesse período foram suprimidos monopólios como o do petróleo e das telecomunicações; alteraram-se as regras restritivas à existência de concessionárias não estatais em áreas relevantes como telecomunicações, petróleo, gás canalizado nas áreas urbanas; bem como foram modificadas as regras referentes às licitações para empresas estatais exploradoras de atividades econômicas.[18]

Com a vigência das leis nºs 8.987/95 (Lei Geral das Concessões) e 9.074/95, estas foram consideradas instrumentos indispensáveis, ao lado da criação do modelo de agências reguladoras, para se alcançar sucesso no programa de reforma pretendido pela Constituição de 1988.

Assim, a reforma do Estado é uma inversão da tendência adotada a partir da década de 1930. Baseada nos preceitos do modelo de Estado Subsidiário (ou Neoliberal), pretendeu-se transferir para a iniciativa privada o investimento e a operação dos serviços públicos, com os seguintes objetivos, entre outros: a) reduzir os compromissos de investimento direto do Estado em setores nos quais é viável a exploração pela iniciativa privada; b) permitir a concentração do Estado no provimento de serviços que não geram retornos suficientes para interessar a iniciativa privada e na regulação e fiscalização dos serviços públicos cuja exploração se tenha transferido para a iniciativa privada; c) utilizar

---

[17] CAVALCANTI, Francisco. Da limitação das parcerias público-privadas ao modelo de concessões: equívocos do legislador brasileiro. In: MATILLA CORREA, Andry; CAVALCANTI, Bruno (Org.). Estudios latinoamericanos sobre concesiones y PPP. Cuba: Ratio Legis Librería Jurídica, 2013. p. 243.

[18] CAVALCANTI, Francisco. Da limitação das parcerias público-privadas ao modelo de concessões: equívocos do legislador brasileiro. In: MATILLA CORREA, Andry; CAVALCANTI, Bruno (Org.). Estudios latinoamericanos sobre concesiones y PPP. Cuba: Ratio Legis Librería Jurídica, 2013. p. 244.

os recursos obtidos com a alienação das estatais para abatimento da dívida pública; e d) beneficiar a sociedade com o aparente aumento de eficiência trazida pela gestão privada dos serviços.

Analisando o instituto das concessões de serviço público sob a ótica do direito positivo, verifica-se que a Constituição da República de 1988 estabeleceu, em seu art. 175, os princípios básicos do regime de concessão e permissão de serviços públicos.

O conceito infraconstitucional do instituto da concessão de serviços públicos pode ser verificado na Lei nº 8.987/95, que em seu art. 2º, II, define como:

> [...] a delegação de sua prestação, feita pelo poder concedente, mediante licitação, na modalidade de concorrência, à pessoa jurídica ou consórcio de empresas que demonstre capacidade para seu desempenho, por sua conta e risco e por prazo determinado.

Destarte, no que tange à delimitação do conceito de "serviço público", é possível admitir diversas acepções, que podem adotar sentido amplo, como sinônimo de atividade estatal, bem como um sentido mais restrito, compreendendo exclusivamente as atividades prestacionais diretas e *uti singuli* a cargo do Estado.

Nesse passo, Floriano de Azevedo Marques Neto aduz que a compreensão do objeto das concessões comuns de serviço público detém três elementos: (a) o Poder Público tem o dever de ofertar; (b) possa ser objeto de uma relação econômica explorável pelo privado; e (c) cuja exploração econômica possa ser valorada em unidades individuais de fruição, ou seja, a prestação deve ser divisível e quantificável.[19]

No final do ano de 2004 surgiram novas modalidades especiais de concessões públicas. Com o advento da Lei nº 11.079, foram constituídas as parcerias público-privadas: intituladas de concessão patrocinada e concessão administrativa.[20]

A concessão patrocinada, de acordo com o conceito legal contido no art. 2º, §1º, da Lei nº 11.079/04, é modalidade de concessão de serviço público ou de obra pública de que trata a Lei nº 8.987/95, quando envolver, adicionalmente à tarifa cobrada dos usuários, contraprestação pecuniária do parceiro público ao parceiro privado.

---

[19] MARQUES NETO, Floriano de Azevedo. *Concessões*. Belo Horizonte: Fórum, 2015. p. 177-178.

[20] Aspectos doutrinários referentes às divergências do enquadramento jurídico das parcerias público-privadas como espécie do gênero concessões públicas serão abordados em capítulo posterior neste trabalho.

A modalidade estabelecida como concessão administrativa é o contrato de prestação de serviços em que a Administração Pública seja a usuária direta ou indireta, ainda que envolva a execução de obra ou fornecimento e instalação de bens, conforme versa o art. 2º, §2º, desta mesma lei.

Ao analisar os contratos de concessões públicas de maneira conglobante, é possível compreender que nestes instrumentos administrativos são produzidos efeitos trilaterais. Apesar de ser celebrado entre o poder concedente e o concessionário, os seus efeitos refletem em terceiros, os usuários.

É evidente a possibilidade de existirem interesses conflitantes e de certa forma antagônicos desta relação trilateral.

O interesse primário do Poder Público será alcançado através da garantia dos interesses coletivos, cuja efetivação decorre de duas consequências: a) Administração Pública exerce seu controle e poder sobre o serviço por meio de poderes como encampação, intervenção, uso compulsório de recursos humanos e materiais, aplicação de sanções etc.; b) o concessionário deve ser submetido aos princípios inerentes à prestação dos serviços de interesse público como forma de garantir a satisfação dos objetivos sociais buscados com a prestação.[21]

Do outro lado, a empresa concessionária do serviço público que explore atividade lucrativa visa sempre ao maior lucro possível, pois, diante de um cenário capitalista, não estará prestando um serviço por exclusiva finalidade social. Para tanto, a remuneração deve alcançar os custos da prestação do serviço, bem como a garantia de um retorno justo em termos de lucratividade.

Destarte, para que a concessão alcance a finalidade social a que se propõe, a remuneração do concessionário não pode ser uma barreira ao acesso dos usuários ao serviço fornecido. Ao dificultar ou impedir o acesso ao serviço, em decorrência das altas tarifas cobradas, o Estado estaria omitindo-se no fornecimento de serviço público de cuja titularidade é detentor.

Objetivando fornecer uma visão conglobante sobre elemento essencial do contrato de concessão de serviço público, o presente artigo será delimitado na análise do regime jurídico da remuneração paga aos concessionários em suas diversas modalidades e possíveis consequências no orçamento da Administração Pública.

---

[21] SCHWIND, Rafael Wallbach. *Remuneração do concessionário*: concessões comuns e parcerias público-privadas. Belo Horizonte: Fórum, 2010. p. 38.

3 A remuneração proveniente das tarifas e receitas marginais

3.1 A tarifa e os métodos para a sua fixação

Prevista no art. 175, parágrafo único, inc. III, da Constituição da República de 1988, a tarifa corresponde a um valor estabelecido pelo Poder Público, mediante a celebração de um contrato administrativo, por vezes com base na proposta formulada pelo concessionário na licitação. No âmbito infraconstitucional, a lei geral das tarifas corresponde à Lei nº 8.987/95, que trata da política tarifária. Entretanto, é preciso ressalvar a possibilidade de leis específicas afastarem a aplicação da lei geral em determinados setores e, deste modo, apresentarem peculiaridades na especificação da política tarifária. Refiro-me, a título exemplificativo, à Lei nº 9.472/97 – Lei de Telecomunicações, que em seu art. 210 afasta expressamente a aplicação das leis nºs 8.666/93, 8.987/95 e 9.074/95 às concessões, permissões e autorizações de serviços de telecomunicações e de uso de radiofrequência.[22]

A escolha da tarifa como, em regra, opção de pagamento ao concessionário decorre da ideia de atribuir aos usuários o custeio das despesas (com pessoal, com manutenção e ampliação da estrutura, aquisição de equipamentos etc.) e o lucro decorrente do serviço prestado. Assim, pode-se dizer que não há serviço público gratuito em termos econômicos. Uma frase bastante conhecida em países ingleses é "there ain't no such thing as a free lunch",[23] pois sintetiza a ideia de que tudo cujo acesso possa ser considerado limitado, restrito, terá um custo, podendo ser pago diretamente ou por terceiros.

Em relação à tarifa, embora o art. 9º, *caput*, estabeleça que seja fixada pelo preço da proposta vencedora da licitação, tem-se que entender que, dependendo do critério a ser adotado para julgamento das propostas, a fixação da tarifa poderá ser da competência do poder concedente. Isso porque o art. 15 da Lei nº 8.987/95 estabeleceu sete critérios distintos de julgamento.

Destarte, imprescindível abordar a temática da fixação das tarifas inseridas em um contexto de política tarifária. Para tanto, serão analisados os termos definidos como tarifa social, tarifa com efeito

---

[22] SCHWIND, Rafael Wallbach. *Remuneração do concessionário*: concessões comuns e parcerias público-privadas. Belo Horizonte: Fórum, 2010. p. 47
[23] Tradução livre: não existe almoço grátis.

arrecadatório em benefício do poder concedente, tarifas regulatórias e tarifas mínimas.[24]

A tarifa social é bastante utilizada para retratar situações em que os recursos de parcela dos usuários do serviço são, em geral, escassos para custear as despesas do serviço e o retorno financeiro da concessionária. Há uma série de questões relacionadas na fixação de tarifas em decorrência da situação econômica.

As lições de Rafael Wallbach Schwind contextualizam, de maneira concisa, esta modalidade tarifária:

> O Poder Público tem o dever de criar condições para que o maior número de pessoas possa efetivamente se utilizar do serviço, muitas vezes essencial para a satisfação das necessidades humanas mais fundamentais. Trata-se, em última análise, de uma preocupação com a universalização do serviço. Não basta apenas garantir o acesso físico ao serviço. É preciso instituir condições nas quais ele seja efetivo e concreto. Somente dessa forma haverá realmente a universalização de determinado serviço.
>
> Isso significa que eventual impossibilidade econômica apresentada por determinado universo de usuários para arcar com os custos da prestação de um serviço tem de se resolver por meio da transferência desses encargos a outras pessoas, segundo instrumentos de solidariedade social, de modo que as pessoas desprovidas de riqueza não percam o acesso ao serviço.[25]

O estabelecimento de uma tarifa social provoca certa divergência doutrinária. O motivo desta desavença cinge-se em torno da possibilidade de repassar os efeitos econômicos da tarifa social para as tarifas cobradas dos demais usuários.

Deste modo, podemos mencionar o posicionamento de Guimarães Pereira no que tange à compensação das tarifas sociais:

> As tarifas sociais não devem ser compensadas por subsídios internos, mas por subsídios públicos oriundos de receitas gerais. Essa é a única das alternativas cogitáveis – ônus do concessionário, subsídio interno ou cruzado ou subsídio público – que atende integralmente aos princípios constitucionais aplicáveis (especialmente ao da capacidade contributiva).[26]

---

[24] SCHWIND, Rafael Wallbach. *Remuneração do concessionário*: concessões comuns e parcerias público-privadas. Belo Horizonte: Fórum, 2010. p. 112.

[25] SCHWIND, Rafael Wallbach. *Remuneração do concessionário*: concessões comuns e parcerias público-privadas. Belo Horizonte: Fórum, 2010. p. 113.

[26] PEREIRA, César A. Guimarães. *Usuários de serviços públicos*. São Paulo: Saraiva, 2008. p. 377.

Entretanto, há quem defenda a possibilidade de existir diferenciação entre as tarifas cobradas àqueles que demonstrem precária condição econômica. Para tanto, será preciso que ocorra uma autorização legislativa. Marçal Justen Filho aborda a questão aduzindo:

> É que a decisão sobre distribuição e redistribuição de riqueza depende da concordância dos titulares da riqueza. O princípio da legalidade destina-se, nesse campo, a evitar que o ocupante de cargo executivo valha-se da atividade administrativa para introduzir decisões políticas fundamentais. A instituição de tarifas sociais importa transferência de riquezas entre os usuários e não pode ser considerada como pura e simples atividade administrativa. Pressupõe a aprovação legislativa, instrumento pelo qual os representantes do povo manifestam sua concordância com soluções de reforma social. Caberá à lei autorizar essa solução e estabelecer os critérios fundamentais para a sua aplicação.[27]

Em sequência, serão analisadas as tarifas com efeitos arrecadatórios em benefício do poder concedente. Nesses casos, a tarifa se destina não apenas a custear o serviço fornecido, mas também à ampliação da arrecadação estatal.

Exemplo extraído da doutrina[28] diz respeito ao fato verificado em concessões de rodovias, em que muitas vezes se prevê que uma parcela da tarifa cobrada dos usuários seja revertida ao Estado a fim de que haja a manutenção e ampliação da malha viária não concedida à iniciativa privada.

Outra hipótese bastante usual trata-se das situações em que o concessionário deve pagar um valor pela outorga. É notório que o valor pago pela outorga representa um custo ao concessionário, que deve compensá-lo justamente na tarifa cobrada pela prestação do serviço. Observa-se que, diante do cenário de recessão econômica do Brasil, em 2015, o Governo Federal empenhou-se para realizar outorgas de hidrelétricas com a finalidade principal de obter receita para equilibrar o orçamento público federal.

Em alguns momentos, a fixação da tarifa tem o objetivo de produzir uma indução de comportamento dos usuários quanto ao uso do serviço ou da infraestrutura. Para tanto, a doutrina denominou esse mecanismo como "tarifa regulatória".[29]

---

[27] JUSTEN FILHO, Marçal. *Teoria geral das concessões de serviço público*. São Paulo: Dialética, 2003. p. 377.
[28] SCHWIND, Rafael Wallbach. *Remuneração do concessionário*: concessões comuns e parcerias público-privadas. Belo Horizonte: Fórum, 2010. p. 118.
[29] SCHWIND, Rafael Wallbach. *Remuneração do concessionário*: concessões comuns e parcerias público-privadas. Belo Horizonte: Fórum, 2010. p. 121.

Por via de regra, a tarifa regulatória ocorrerá nos serviços que dependem de bens escassos, como exemplo, o abastecimento de água, ou cuja prestação encontra limites na capacidade instalada do sistema, como o fornecimento de energia elétrica. Nesses casos, o valor unitário consumido pelos usuários é elevado de modo progressivo em função da intensidade do consumo ou do momento em que se dá a utilização do serviço.

Marçal Justen Filho denomina as tarifas nessa modalidade de "tarifas extrafiscais", em razão da semelhança com a extrafiscalidade tributária em que há previsão de tributos com o objetivo indutor de determinados comportamentos.[30]

Observa-se, inclusive, que o Superior Tribunal de Justiça consolidou a possibilidade de tarifas regulatórias ao editar a Súmula nº 407, cuja redação estabeleceu o seguinte teor: "É legítima a cobrança de tarifa de água, fixada de acordo com as categorias de usuários e faixas de consumo".

Destarte, é válida a previsão de tarifas com efeito regulatório para incentivar o uso racional do serviço público que depende de bens escassos.

Por fim, existe a modalidade das tarifas mínimas (ou tarifas básicas). Estas consistem na cobrança de um valor periódico mínimo dos usuários por conta da disponibilidade do serviço. Trata-se de sistemática de cobrança prevista em diversos serviços de interesse social, prestados tanto sob delegação como diretamente pelo Estado.

Em junho de 2008, o Superior Tribunal de Justiça editou a Súmula nº 356 para confirmar a legitimidade da cobrança de tarifas mínimas (ou básicas): "É legítima a cobrança de tarifa básica pelo uso dos serviços de telefonia fixa".

Ainda que a súmula supracitada tenha abordado as tarifas mínimas apenas no serviço de telefonia fixa, é possível cogitar que os mesmos critérios possam ser aplicados a outros serviços nos quais a simples disponibilidade ao usuário provoca custos elevados que precisam ser cobertos de alguma forma, por exemplo, os serviços de abastecimento de água, coleta de esgoto, fornecimento de energia elétrica, gás canalizado etc.

Para dar maior completude ao estudo realizado neste trabalho, se faz imprescindível trazer um caso prático que aborda a questão

---

[30] JUSTEN FILHO, Marçal. *Teoria geral das concessões de serviço público*. São Paulo: Dialética, 2003. p. 378.

tarifária. Destarte, será analisado parecer técnico proferido pelo jurista Carlos Ari Sundfeld.[31]

O primeiro caso gira em torno do pagamento de tarifa diferenciada em favor de usuária de grande porte dos serviços de saneamento básico. A usuária do serviço entende se enquadrar nos requisitos de cliente de grande porte e por isso pleiteia uma tarifa diferenciada de 25% abaixo do preço normal. Ainda, pretende negociar o critério de reajuste anual dessa tarifa especial. Defende que o índice de reajuste da tarifa deve acompanhar algum dos índices oficiais que espelhem a inflação do período, por exemplo, IGP, IPCA, INPC, IPC etc.

No entanto, a concessionária estadual pretende aplicar os índices de reajustes e de atualização que vierem a ser aplicados em função da política tarifária geral, a que está submetida a prestadora estadual. Esses índices têm embutido uma recuperação tarifária ano a ano, situando-se acima da inflação, o que tem representado aumento real da tarifa pública cobrada dos usuários de aproximadamente 15% ao ano, o que, se aplicado, inviabilizaria comercialmente o contrato em negociação.

Para este caso, importante verificar que a matéria se encontra regulada pela Lei nº 11.445/07, que estabeleceu as diretrizes nacionais para o saneamento público, estabelecendo o art. 37 da referida lei que "os reajustes de tarifas de serviços públicos de saneamento básico serão realizados observando-se o intervalo mínimo de 12 meses, de acordo com as normas legais, regulamentares e contratuais".[32]

Portanto, a questão cinge-se em relação à possibilidade de a concessionária praticar tarifa diferenciada para clientes de grande porte, comparativamente às cobradas dos usuários comuns, e, ainda, se o índice de reajustamento de preços nesse caso também pode ser diferenciado, desatrelado dos índices aplicáveis às tarifas públicas usualmente cobradas dos usuários.

Deste modo, Sundfeld começa analisando a viabilidade legal da tarifa especial para usuários de grande porte. Afirma que a tendência, cada vez mais presente nas legislações contemporâneas, é prever a possibilidade de diferenciação entre usuários em matéria tarifária. No entanto, só deve ser admitida quando houver diferenças quanto ao perfil de fruição do serviço pelos usuários que justifiquem, de fato,

---

[31] SUNDFELD, Carlos Ari. *Direito administrativo contratual*. São Paulo: Revista dos Tribunais, 2013. v. II. Coleção Pareceres: Concessões e Contratos. p. 95.
[32] SUNDFELD, Carlos Ari. *Direito administrativo contratual*. São Paulo: Revista dos Tribunais, 2013. v. II. Coleção Pareceres: Concessões e Contratos. p. 96.

contraprestações distintas. Não fere a isonomia a previsão de que usuários com perfis objetivamente diferentes tenham tratamento tarifário também diferenciado.[33] A própria Lei nº 8.987/95, em seu art. 13, prevê tal possibilidade, *in verbis*: "Art. 13. As tarifas poderão ser diferenciadas em função das características técnicas e dos custos específicos provenientes do atendimento aos distintos segmentos de usuários".

No setor de saneamento básico, também há previsão na legislação nacional sobre a possibilidade de pactuação de tarifa especial para grandes usuários, art. 41 da Lei nº 11.445/07.

As regras gerais pressupõem a existência efetiva de porte diferenciado na contratação específica a ser firmada, que seja suficiente para justificar vantagens na tarifa cobrada da usuária em relação à tarifa comum. No entanto, também é possível extrair das regras gerais a proibição ao subsídio cruzado em favor do grande usuário. Cabe ao ente regulador responsável pelo setor verificar se, tecnicamente, a tarifa específica cogitada não importa qualquer espécie de subsídio entre as receitas gerais auferidas pela companhia de saneamento e os custos necessários à execução do referido contrato.[34]

Por fim, Sundfeld analisa a viabilidade legal de a tarifa especial ter critério próprio de reajuste. Para ele, não há qualquer norma que impeça o tratamento diferenciado do contrato específico também em relação ao modo de atualização das tarifas. Muito pelo contrário. Se houver razão para a contratação apartada, é natural que também se justifique a instituição de modelo de atualização próprio. Isso serve para garantir a preservação da lógica econômico-financeira inicialmente pactuada entre as partes.[35]

Nesses casos, a lei autorizou a celebração de pacto que, por suas peculiaridades, obedecesse à lógica própria das relações econômicas. Dado o porte elevado do objeto contratado, na maior parte dos casos atrelado à instalação de grandes empreendimentos que dependem do serviço de saneamento, admitiu-se a criação de modelos contratuais isolados, autônomos, apartados da sistemática geral e cambiante da política de atendimento dos usuários comuns.

---

[33] SUNDFELD, Carlos Ari. *Direito administrativo contratual*. São Paulo: Revista dos Tribunais, 2013. v. II. Coleção Pareceres: Concessões e Contratos. p. 96.

[34] SUNDFELD, Carlos Ari. *Direito administrativo contratual*. São Paulo: Revista dos Tribunais, 2013. v. II. Coleção Pareceres: Concessões e Contratos. p. 99.

[35] SUNDFELD, Carlos Ari. *Direito administrativo contratual*. São Paulo: Revista dos Tribunais, 2013. v. II. Coleção Pareceres: Concessões e Contratos. p. 100.

A justificativa econômica para isso é que os índices de reajuste da tarifa comum têm embutida a recuperação de perdas tarifárias passadas, que não faz sentido aplicar em tarifa especial nova, calculada com base em custos reais.

Entendemos acertada a colocação do parecer. No entanto, pela própria dicção do art. 13 da Lei nº 8.987/95, seria possível fixar um valor monetário acima da tarifa comum, e não abaixo, como analisado no caso em tela.

Para determinar o valor diferenciado deve-se levar em consideração "os custos específicos provenientes do atendimento". Ora, e se estes custos forem acima do modelo ordinário? Tal risco já estaria calculado no valor das tarifas comuns, onerando, assim, todos os usuários? Ou seria possível aplicar um valor maior isoladamente àqueles que determinaram custos elevados?

Assim, acreditamos que devam ser utilizados fundamentos econômicos, como analisar o custo marginal, a eficiência na prestação do serviço de maneira conglobante, a maximização dos lucros da concessionária, para, assim, poder estabelecer o valor apropriado pela tarifa.

3.2 O equilíbrio econômico-financeiro

A relação entre a fixação de tarifas e o equilíbrio econômico-financeiro é bastante evidente no momento de definição dos termos concretos do contrato administrativo pactuado entre o poder concedente e o concessionário.

Ao propor o valor estipulado para a tarifa durante o processo licitatório, o licitante leva em consideração os riscos que terá de assumir caso seja o vencedor do certame e, desse modo, elabora proposta que preveja uma remuneração adequada em função daqueles encargos.

Destarte, a equação econômico-financeira constitui uma precificação do risco em face das oportunidades de ganhos.[36]

Do ponto de vista legal, a Lei nº 8.987/95 cuidou desta questão em três dispositivos. No art. 9º, três parágrafos tratam da preservação do equilíbrio no tocante às tarifas, ao prever sua revisão como forma de recomposição do equilíbrio (§2º); que essa revisão ocorra no caso de alteração de ordem tributária (§3º); e do ajuste concessório que traga desbalanceamento da equação contratual (§4º).

---

[36] SCHWIND, Rafael Wallbach. *Remuneração do concessionário*: concessões comuns e parcerias público-privadas. Belo Horizonte: Fórum, 2010. p. 74.

Floriano de Azevedo Marques Neto aduz que a aferição do desequilíbrio em uma concessão comum, ou seja, aquela prevista na Lei nº 8.987/95, envolve quatro momentos: (i) a constatação de ocorrência de um evento com o condão de afetar o equilíbrio inicial; (ii) a verificação quanto à responsabilidade, à luz das disposições contratuais, pelo risco associado ao evento ocorrido; (iii) a avaliação do impacto do evento, tomando como parâmetro o critério de apuração do equilíbrio; e (iv) a escolha da medida mais adequada e eficiente para recompô-lo.[37]

No que tange às concessões celebradas com a roupagem de parcerias público-privadas, como bem observa Professora Maria Sylvia Zanella Di Pietro, embora a Lei nº 11.079/04 não fale literalmente em equilíbrio econômico-financeiro, não há como negar às partes a observância desse direito. Na concessão patrocinada, tal direito decorre da aplicação subsidiária da Lei nº 8.987/95, em especial os arts. 9º e 10. Na concessão administrativa, não há disposição expressa nem aplicação subsidiária dos artigos anteriormente mencionados. No entanto, o direito ao equilíbrio econômico-financeiro resulta de princípios como os da equidade, razoabilidade, continuidade etc.[38]

Não obstante, continua a autora supracitada, o art. 5º, III e IV, da Lei das PPPs prevê, entre as cláusulas que devem ser incluídas no contrato de parceria, a que diz respeito à repartição de riscos entre as partes, inclusive os referentes a caso fortuito, força maior, fato do príncipe e álea econômica extraordinária e à forma de remuneração e de atualização dos valores contratuais. Sendo, portanto, técnicas para garantir o equilíbrio econômico-financeiro dos contratos administrativos celebrados nas PPPs.[39]

Ao aprofundar o tema em pesquisas doutrinárias, é possível verificar que o conceito de equilíbrio econômico-financeiro dos contratos cinge-se em torno das compensações de uma parte a outra, na ocorrência de eventos que configurem um risco atribuído a um contratante, mas que impacte, de um modo econômico e financeiro, a outra parte.[40]

---

[37] MARQUES NETO, Floriano de Azevedo. Concessões. Belo Horizonte: Fórum, 2015. p. 191.
[38] DI PIETRO, Maria Sylvia Zanella. Parcerias na Administração Pública: concessão, permissão, franquia, terceirização, parceria público-privada e outras formas. 10. ed. São Paulo: Atlas, 2015. p. 159.
[39] DI PIETRO, Maria Sylvia Zanella. Parcerias na Administração Pública: concessão, permissão, franquia, terceirização, parceria público-privada e outras formas. 10. ed. São Paulo: Atlas, 2015. p. 159.
[40] RIBEIRO, Mauricio Portugal. O que todo profissional de infraestrutura precisa saber sobre o equilíbrio econômico-financeiro de concessões e PPPs. 2014. Disponível em: http://pt.slideshare.net/portugalribeiro/o-que-todo-profissional-de-infraestrutura-precisa-saber-sobre-equilibrio-economico-financeiro-versao-publicada-na-internet-39170396. Acesso em: 20 mar. 2016.

Não obstante, não apenas os eventos gravosos geram direito à recomposição ao equilíbrio econômico-financeiro. Muitas vezes, eventos benéficos para ambas as partes podem gerar o direito à recomposição do equilíbrio econômico-financeiro.

Para o jurista Mauricio Portugal Ribeiro, o motor de arranque de qualquer processo de reequilíbrio econômico-financeiro é a verificação da distribuição contratual dos riscos. É indispensável a verificação da matriz de riscos contratual, pois o direito ao reequilíbrio só surge se o risco do evento gravoso estiver alocado a uma parte contratual diversa daquela que sofreu as consequências da sua ocorrência. A função, portanto, do sistema de equilíbrio é o cumprimento permanente da matriz de riscos contratual.[41]

Nesse contexto, o processo de recomposição do equilíbrio econômico-financeiro terá como objetivo trazer o contrato real para a condição anterior à ocorrência do evento gravoso, utilizando como referência para tanto a representação do contrato em estado de equilíbrio. Nota-se, no entanto, que também é possível haver compensação entre as partes pela alteração, inclusão e supressão de escopos contratuais, particularmente do caso de inclusão de novos investimentos no contrato.

Mauricio Portugal Ribeiro defende que o sistema de equilíbrio econômico-financeiro deve atender basicamente a três funções: a) desestimular a realização de alterações oportunistas pelo governante, exigindo que qualquer alteração seja devidamente compensada; b) proteger, estabilizar e dar cumprimento ao cerne do contrato, permitindo que seja dado cumprimento adequado à matriz de riscos ao longo do tempo; c) possibilitar a realização de alterações no objeto (quantitativas ou qualitativas) e em outros aspectos do contrato para adequá-lo às necessidades e mudanças consequentes da passagem do tempo.[42]

Em relação à função (a), o autor supracitado entende que uma das funções do sistema de equilíbrio econômico-financeiro seria mitigar o risco de mudanças no contrato realizadas por oportunismo político. Já a função (b), mencionada acima, seria um instrumento para garantir o adequado cumprimento da matriz de riscos do contrato, pois permite que se realizem as compensações de parte a parte. É preciso, por isso,

---

[41] RIBEIRO, Mauricio Portugal. *O que todo profissional de infraestrutura precisa saber sobre o equilíbrio econômico-financeiro de concessões e PPPs*. 2014. Disponível em: http://pt.slideshare. net/portugalribeiro/o-que-todo-profissional-de-infraestrutura-precisa-saber-sobre-equilibrio-economico-financeiro-versao-publicada-na-internet-39170396. Acesso em: 20 mar. 2016.

[42] RIBEIRO, Mauricio Portugal. *Concessões e PPPs*: melhores práticas em licitações e contratos. São Paulo: Atlas, 2011. p. 105.

que haja um sistema contratual que permita a compensação do parceiro privado por ter sofrido as consequências gravosas de um risco atribuído pelo contrato à Administração Pública. Por fim, a função (c) tem por objetivo permitir alterações no contrato para adequá-lo às necessidades que decorram da passagem do tempo, mudança tecnológica, ou outras circunstâncias que requeiram alterações quantitativas ou qualitativas.[43]

Destarte, sintetizando os casos mais usuais, o contrato administrativo das concessões pode estabelecer que o poder concedente proceda ao reequilíbrio econômico-financeiro diante das seguintes hipóteses: a) pagamento direto de uma parte à outra; b) variação do valor da tarifa; c) variação do valor da contraprestação ou aporte público; d) variação do valor dos investimentos a serem realizados pelas partes; e) variação do prazo do contrato.

4 Contraprestações pagas pelo Poder Público

4.1 As concessões patrocinadas e administrativas (PPP)

As parcerias público-privadas foram instituídas pela Lei nº 11.079/04 como novas modalidades de contratos administrativos no âmbito das concessões de serviço público. Verifica-se que o objetivo do legislador foi ampliar a utilização do modelo concessionário para alcançar situações que até então seriam inviáveis se realizadas exclusivamente sob os ditames da Lei nº 8.987/95.

Para tanto, foi necessária a criação de um regime jurídico que disciplinasse os diversos aspectos da participação estatal no custeio da remuneração do parceiro privado.

Esse entendimento é salientado por Francisco Cavalcanti, ao lecionar:

> Mostrar-se-ia, hoje, insuficiente tal conceito para alcançar, ou abarcar, aquilo que a legislação veio a estabelecer ao passar a incluir a figura da parceria público-privada, expressamente como concessão, figura essa, as PPP, que, ontologicamente, não se enquadra naquele conceito tradicional, pois pode abranger serviços dos quais o Estado não é titular, que os exerce simultaneamente com particulares e, também, sem que haja remuneração por parte dos usuários. Em verdade, conforme será visto, as PPP têm uma acepção bem mais ampla, tanto à luz das situações em

---

[43] RIBEIRO, Mauricio Portugal. *Concessões e PPPs*: melhores práticas em licitações e contratos. São Paulo: Atlas, 2011. p. 106.

que podem ser utilizadas, no Brasil, como, explicitamente, em países que as utilizam com maior densidade e desenvoltura.[44]

Nesse sentido, importante mencionar que, ao comparar as características das PPPs com as pertinentes às concessões, ter-se-ia, para enquadrar uma PPP como concessão, que admitir ter havido uma "metamorfose das concessões",[45] cujo entendimento esposado por Francisco Cavalcanti cinge-se nos seguintes termos:

> A inserção das PPP como figuras representativas de um gênero de concessões é um grande equívoco científico.
> Sabido é que, muitas vezes, a PPP pode valer-se de uma estrutura contratual de concessões, mas a sua abrangência é maior. A utilização de eventual e parcial da moldura de concessão não pode ter o condão de transformá-la naquele antigo modelo. Nas PPP, o ente público é partícipe do empreendimento, bancando parte do financiamento, é sócio na sociedade de propósito específico. E, como já se disse, a PPP, um instrumento intermediário entre a delegação, por conta e risco do delegado, e o exercício direto da atividade. O objetivo básico é aquele bem expresso pelo Tribunal de Contas português:
> 'As parcerias público-privadas (PPP) constituem um modelo de contratação que permite ao Estado promover a obtenção de serviço público, através de uma estrutura contratual firmada com um parceiro privado, na qual se estabelecem obrigações mútuas que refletem uma alocação, a ambas as partes, dos riscos envolvidos.[46]

Advertidas as observações fundamentais quanto ao enquadramento das PPPs como representantes do gênero das concessões, passaremos para a análise das definições das novas modalidades, quais sejam, as concessões patrocinadas e administrativas.

---

[44] CAVALCANTI, Francisco. Da limitação das parcerias público-privadas ao modelo de concessões: equívocos do legislador brasileiro. In: MATILLA CORREA, Andry; CAVALCANTI, Bruno (Org.). Estudios latinoamericanos sobre concesiones y PPP. Cuba: Ratio Legis Librería Jurídica, 2013. p. 249.

[45] CAVALCANTI, Francisco. Da limitação das parcerias público-privadas ao modelo de concessões: equívocos do legislador brasileiro. In: MATILLA CORREA, Andry; CAVALCANTI, Bruno (Org.). Estudios latinoamericanos sobre concesiones y PPP. Cuba: Ratio Legis Librería Jurídica, 2013. p. 252.

[46] CAVALCANTI, Francisco. Da limitação das parcerias público-privadas ao modelo de concessões: equívocos do legislador brasileiro. In: MATILLA CORREA, Andry; CAVALCANTI, Bruno (Org.). Estudios latinoamericanos sobre concesiones y PPP. Cuba: Ratio Legis Librería Jurídica, 2013. p. 256.

A concessão patrocinada trata-se da espécie de concessão de serviço ou obra pública (regida pela Lei nº 8.987/95) em que a remuneração do concessionário esteja vinculada em uma contraprestação pecuniária provida pela Administração Pública. A esta modalidade aplicam-se as disposições da Lei nº 11.079/04 e, subsidiariamente, a disciplina da Lei nº 8.987/95.

Já a concessão administrativa configura um contrato administrativo de prestação de serviços (não necessariamente serviços públicos), podendo envolver outras prestações, como o fornecimento de bens e/ou a execução de obra, em que a remuneração do parceiro privado seja provida por diversas formas jurídicas admitidas pelo ordenamento. O serviço objeto desta concessão poderá ser tomado diretamente pela Administração ou pelos usuários, hipótese em que a Administração figurará como usuária indireta. À concessão administrativa aplicam-se as disposições da Lei nº 11.079/04, os arts. 21, 23, 25, 27 e 39 da Lei nº 8.987/95 e o art. 31 da Lei nº 9.074/95.[47]

Deste modo, verifica-se que o modelo das PPPs serve a dois propósitos de natureza imediata: primeiro, revestir juridicamente os contratos que tenham por objeto concessões de serviços públicos cuja receita tarifária e outras receitas marginais se mostrem insuficientes a custear a prestação do serviço público, o qual engloba o custo operacional da concessão mais o lucro do concessionário; segundo, balancear o nível de risco envolvido em certos projetos estruturantes e de serviço público, permitindo, com a participação do Poder Público, na remuneração do concessionário, mitigar riscos que tornariam as possibilidades de financiamento pelo capital privado pouco atrativas.[48]

Aspecto importante ao analisar o instituto das parcerias público-privadas é entender por quais razões o administrador público deve optar por este modelo de concessão especial em detrimento de outras já consagradas formas como as licitações, as privatizações e as concessões previstas na Lei nº 8.987/95.

Para tal questionamento, o Professor Marcos Nóbrega[49] afirma que o primeiro ponto relevante é analisar a viabilidade do projeto sob a ótica dos investidores. Em projetos financeiramente autossustentáveis, a modelagem de concessões de serviços públicos (Lei nº 8.987/95) seria a mais adequada, pois o empresário assumirá o risco do empreendimento

---

[47] GUIMARÃES, Fernando Vernalha. *PPP – Parceria público-privada*. 2. ed. São Paulo: Saraiva, 2013. p. 20.
[48] GUIMARÃES, Fernando Vernalha. *PPP – Parceria público-privada*. 2. ed. São Paulo: Saraiva, 2013. p. 101.
[49] NÓBREGA, Marcos. *Direito da infraestrutura*. São Paulo: Quartier Latin, 2011. p. 152.

e, decerto, somente o aceitará diante da autossustentabilidade do projeto. No caso de projetos que, diante dos altos riscos envolvidos e do elevado valor para a sua execução, não sendo possível o total ressarcimento apenas com a cobrança das tarifas aos usuários, não atraindo por completo o interesse da iniciativa privada, inserem-se as PPPs. Por fim, para projetos que devem ser assumidos integralmente pelo poder público, deve-se utilizar a Lei de Licitações (Lei nº 8.666/93) para a sua execução.

Todavia, para a escolha do melhor procedimento, o autor supracitado também defende a utilização do critério *value of money*: este procura captar o benefício total do projeto executado, considerando seu custo durante toda a sua vida útil, a qualidade do bem ou serviço prestado e as externalidades geradas, como crescimento econômico, impacto ambiental, mobilização de recursos, impacto social e governança.[50]

Ressalva-se, no entanto, que, caso a Administração Pública opte pela escolha das modalidades de concessões patrocinadas ou administrativas em detrimento das demais opções de prestação do serviço público, deverá provar a superioridade de tal escolha, demonstrando os ganhos de escala e atentando para o princípio da eficiência.[51]

Outro aspecto basilar a ser mencionado encontra-se na estrutura econômica em que os contratos de PPPs são submetidos.

A execução do contrato subdivide-se em uma fase de investimentos, em que o parceiro privado incumbe-se de implementar a infraestrutura necessária para a execução do serviço, seguida por uma fase de operação, quando, a partir deste momento, passam a ser viáveis as contraprestações públicas que serão vinculadas ao cumprimento de metas de qualidade e de disponibilidade pelo parceiro privado.

Frisa-se, por oportuno, que o surgimento deste novo instituto veio permeado por controles diversos sobre a responsabilidade fiscal do Estado que passa a assumir compromissos financeiros de longo prazo em contratos administrativos.

4.2 Natureza jurídica das contraprestações em contratos de parcerias público-privadas

Antes de analisar o enquadramento jurídico presente na Lei nº 11.079/04 que determina a forma de contraprestações públicas, faz-se importante compreender a sua natureza econômica.

---

[50] NÓBREGA, Marcos. *Direito da infraestrutura*. São Paulo: Quartier Latin, 2011. p. 153.
[51] NÓBREGA, Marcos. *Direito da infraestrutura*. São Paulo: Quartier Latin, 2011. p. 153.

Prevista nos incisos do art. 6º da Lei Geral das PPPs, as contraprestações públicas podem ser divididas em pecuniárias e não pecuniárias. As pecuniárias correspondem àquelas arroladas nos incs. I e II; do outro lado, as não pecuniárias são aquelas relacionadas nos incs. III e IV. Importante, neste momento, mencionar Carlos Ari Sundfeld,[52] ao afirmar que, para existir uma concessão patrocinada, é necessário, entre outros fatores, que o parceiro privado receba uma contraprestação de natureza pecuniária do poder concedente.

Da redação do art. 6º da Lei nº 11.079/04 é possível verificar quatro formas preestabelecidas de contraprestação do Poder Concedente ao concessionário, quais sejam: ordem bancária, cessão de créditos não tributários, outorga de direitos em face da Administração Pública e outorga de direitos sobre bens públicos dominicais. Entretanto, em seu inc. V, o artigo supracitado estabelece que podem ser criados outros meios de contraprestação, desde que admitidos em lei.

A ordem bancária trata-se do mecanismo mais usual de pagamento, pois envolve apenas o depósito do valor da contraprestação em conta bancária aberta pelo parceiro privado.

Em sequência, a contraprestação pode ser realizada através da cessão de créditos não tributários para o concessionário. Consiste em um negócio jurídico no qual o titular de uma obrigação a transfere a um terceiro, o qual fica sub-rogado nos direitos do cedente, é regida pelos arts. 286 e 298 do Código Civil. Observa-se que o Poder Concedente, ainda que se libere de tomar medidas acautelatórias do crédito cedido e não responda pela solvência do devedor, sempre será responsável ao menos pela existência do crédito, conforme prevê o art. 295 do Código Civil.[53]

A outorga de direitos em face da Administração Pública é outra hipótese de contraprestação ao parceiro privado. Por ter um conceito jurídico bastante amplo, torna-se difícil elencar todas as situações de outorga. Para isso, recorremos aos exemplos de Rafael Wallbach Schwind,[54] assim sintetizados: a) a outorga do direito de construir acima do coeficiente de aproveitamento adotado para determinada área; b) outorga do direito do uso de solo; c) outorga de opções de compra de ações de sociedades nas quais a Administração Pública detenha participação.

---

[52] SUNDFELD, Carlos Ari. *Parcerias público-privadas*. São Paulo: Malheiros, 2005.
[53] SCHWIND, Rafael Wallbach. *Remuneração do concessionário*: concessões comuns e parcerias público-privadas. Belo Horizonte: Fórum, 2010. p. 226.
[54] SCHWIND, Rafael Wallbach. *Remuneração do concessionário*: concessões comuns e parcerias público-privadas. Belo Horizonte: Fórum, 2010. p. 228.

Por fim, a última forma de contraprestação pública prevista na Lei das PPPs consiste na outorga de direitos sobre bens públicos dominicais. Os bens públicos são classificados pelo art. 99 do Código Civil em bens de uso comum do povo, bens de uso especial e bens dominicais. Ainda, o parágrafo único deste mencionado artigo estabelece que, se a lei não dispuser ao contrário, consideram-se dominicais os bens pertencentes às pessoas jurídicas de direito público a que se tenha dado estrutura de direito privado.

A previsão de utilizar os bens dominicais para exploração de atividade da concessionária é defendida por Floriano de Azevedo Marques Neto como positiva. Pois, para o autor, é descabido que o Poder Público detenha um acervo de bens dominicais e não promova qualquer uso:

> É imperativo o emprego econômico dos bens dominicais de forma a que eles cumpram a finalidade de gerar receitas para a Administração Pública. Isto não apenas pelo sobredito princípio da função social da propriedade (que interdita a ociosidade, a não utilização dos bens), mas também pelo princípio da economicidade, consagrado também pela Constituição e objeto de tutela pelos Tribunais de Contas (artigo 70, caput, CF).[55]

Portanto, após esta breve análise, faz-se indispensável que o edital do certame de licitação da parceria público-privada preveja claramente quais serão as formas de contraprestações públicas aplicáveis ao caso concreto, de modo que os participantes possam mensurar adequadamente os riscos abarcados. Como cada contraprestação apresenta peculiaridades, a sua definição prévia constitui um importante elemento para estabelecer adequadamente a equação econômico-financeira aplicada ao contrato de concessão.[56]

5 Considerações finais

O presente artigo pretendeu analisar as principais características do regime remuneratório das concessões de serviço público no Brasil.

Para tanto, imprescindível tornou-se uma revisão doutrinária do instituto das concessões públicas, abarcando uma visão histórica

---

[55] MARQUES NETO, Floriano de Azevedo. *Bens públicos*: função social e exploração econômica. O regime jurídico das utilidades públicas. Belo Horizonte: Fórum, 2009. p. 222.
[56] SCHWIND, Rafael Wallbach. *Remuneração do concessionário*: concessões comuns e parcerias público-privadas. Belo Horizonte: Fórum, 2010. p. 233.

e contemporânea, para compreender a essencialidade de um elemento sempre presente nos contratos de concessões: a remuneração do concessionário.

Destarte, a partir do exposto, é possível alçar algumas conclusões:
(1) Ao analisar os contratos de concessões públicas é possível verificar que estes instrumentos administrativos produzem efeitos trilaterais. Muito embora seja celebrado entre o poder concedente e o concessionário, os seus efeitos refletem nos usuários do serviço.
(2) ara que a concessão alcance a finalidade social a que se propõe, a remuneração do concessionário não pode ser uma barreira ao acesso dos usuários ao serviço fornecido. Ao dificultar ou impedir o acesso ao serviço, em decorrência das altas tarifas cobradas, o Estado estaria omitindo-se no fornecimento de serviço público.
(3) No que tange ao equilíbrio econômico-financeiro dos contratos, é possível verificar que este incide em torno das compensações de uma parte a outra, na ocorrência de eventos que configurem um risco atribuído a um contratante, mas que impacte, de um modo econômico e financeiro, a outra parte.
(4) A tarifa cobrada dos usuários pode ter concepções distintas, podendo ser classificada como: tarifa social, tarifa com efeito arrecadatório em benefício do poder concedente, tarifas regulatórias e tarifas mínimas.
(5) Originariamente, por força do art. 6º da Lei nº 11.079/04, é possível verificar quatro formas preestabelecidas de contraprestação do Poder Concedente ao concessionário: ordem bancária, cessão de créditos não tributários, outorga de direitos em face da Administração Pública e outorga de direitos sobre bens públicos dominicais.
(6) Destarte, faz-se imprescindível que o edital do certame de licitação da parceria público-privada preveja claramente quais serão as formas de contraprestações públicas aplicáveis ao caso concreto, de modo que os participantes possam mensurar adequadamente os riscos abarcados.

Referências

CAVALCANTI, Francisco. Da limitação das parcerias público-privadas ao modelo de concessões: equívocos do legislador brasileiro. In: MATILLA CORREA, Andry; CAVALCANTI, Bruno (Org.). *Estudios latinoamericanos sobre concesiones y PPP*. Cuba: Ratio Legis Librería Jurídica, 2013.

CUÉLLAR, Leila; MOREIRA, Egon Bockmann. *Estudos de direito econômico*. Belo Horizonte: Fórum, 2010. v. 2.

DI PIETRO, Maria Sylvia Zanella. *Parcerias na Administração Pública*: concessão, permissão, franquia, terceirização, parceria público-privada e outras formas. 10. ed. São Paulo: Atlas, 2015.

GUIMARÃES, Fernando Vernalha. *PPP – Parceria público-privada*. 2. ed. São Paulo: Saraiva, 2013.

JUSTEN FILHO, Marçal. *Teoria geral das concessões de serviço público*. São Paulo: Dialética, 2003.

MARQUES NETO, Floriano de Azevedo. *Bens públicos*: função social e exploração econômica. O regime jurídico das utilidades públicas. Belo Horizonte: Fórum, 2009.

MARQUES NETO, Floriano de Azevedo. *Concessões*. Belo Horizonte: Fórum, 2015.

NÓBREGA, Marcos. *Direito da infraestrutura*. São Paulo: Quartier Latin, 2011.

OLIVEIRA, Gesner; OLIVEIRA FILHO, Luiz Chrysostomo de (Org.). *Parcerias público-privadas*: experiências, desafios e propostas. 1. ed. Rio de Janeiro: LTC, 2013.

PEREIRA, César A. Guimarães. *Usuários de serviços públicos*. São Paulo: Saraiva, 2008.

PEREZ, Marcos Augusto. *O risco no contrato de concessão de serviço público*. Belo Horizonte: Fórum, 2006.

RIBEIRO, Mauricio Portugal. Aspectos relevantes do subsídio a investimento em concessões e PPPs. *IJPC*, n. 2, dez. 2013. Disponível em: http://www.direitodoestado.com.br/artigo/mauricio-portugal-ribeiro/aspectos-relevantes-do-subsidio-a-investimentoem-concessoes-e-ppps. Acesso em: 23 out. 2015.

RIBEIRO, Mauricio Portugal. *Como lidar com o risco de financiamento de concessões e PPPs em períodos de normalidade e de crise*. Disponível em: pt.slidesshare.net/portugalribeiro/como-lidar-com-o-risco-de-financiamento-de-concessoes-e-ppps-em-periodos-de-normalidade-e-de-crise. Acesso em: 23 out. 2015.

RIBEIRO, Mauricio Portugal. *Concessões e PPPs*: melhores práticas em licitações e contratos. São Paulo: Atlas, 2011.

RIBEIRO, Mauricio Portugal. *Devemos proibir que recomposição do equilíbrio econômico-financeiro altere a distribuição de riscos originária do contrato?* Disponível em: pt.slidesshare.net/portugalribeiro/equilíbrio-economicofinanceiro-e-distribuicao-de-riscos. Acesso em: 23 out. 2015.

RIBEIRO, Mauricio Portugal. *O que todo profissional de infraestrutura precisa saber sobre o equilíbrio econômico-financeiro de concessões e PPPs*. 2014. Disponível em: http://pt.slideshare.net/portugalribeiro/o-que-todo-profissional-de-infraestrutura-precisa-saber-sobre-equilibrio-economico-financeiro-versao-publicada-na-internet-39170396. Acesso em: 20 mar. 2016.

RIBEIRO, Mauricio Portugal; PRADO, Lucas Navarro. *Comentários à Lei de Parceria Público-Privada* – Fundamentos econômico-jurídicos. São Paulo: Malheiros, 2007.

SCHWIND, Rafael Wallbach. *Remuneração do concessionário*: concessões comuns e parcerias público-privadas. Belo Horizonte: Fórum, 2010.

SUNDFELD, Carlos Ari. *Direito administrativo contratual*. São Paulo: Revista dos Tribunais, 2013. v. II. Coleção Pareceres: Concessões e Contratos.

SUNDFELD, Carlos Ari. *Parcerias público-privadas*. São Paulo: Malheiros, 2005.

Informação bibliográfica deste texto, conforme a NBR 6023:2018 da Associação Brasileira de Normas Técnicas (ABNT):

OLIVEIRA NETTO, Pedro Dias de. O regime remuneratório das concessões públicas brasileiras. In: CAVALCANTI, Juliana Tôrres de Vasconcelos Bezerra (Coord.). *Direito Administrativo*: temas atuais e relevantes. Belo Horizonte: Fórum, 2021. p. 51-76. ISBN 978-65-5518-179-1.

ANÁLISE DA LEGALIDADE DAS MEDIDAS ESTATAIS DE AFASTAMENTO SOCIAL COMO MECANISMO DE CONTENÇÃO DA PANDEMIA PROVOCADA PELO NOVO CORONAVÍRUS NO BRASIL

CAROLINE LOBATO

1 Introdução

Apesar da evolução histórica da humanidade, como um todo, esta que sobreviveu a duas grandes guerras mundiais, graves crises econômicas e de saúde pública, provocadas por grandes epidemias, o cenário atual não encontra precedentes semelhantes que possam servir de diretriz de superação da crise mundial provocada pela pandemia pelo avanço do vírus Covid-19, deflagrada no início de 2020.[1] Sem que houvesse conhecimento acerca da ação maléfica do vírus em seres humanos, do seu potencial legal nem de um padrão no tratamento clínico. Embora a vacina tenha sido criada, persiste o problema relacionado

---

[1] A pandemia de Covid-19 foi anunciada pela Organização Mundial de Saúde, 11.3.2020, com o reconhecimento da incidência de casos comprovados, em 81 países de todo o mundo, da síndrome gripal aguda, altamente contagiosa, sem que haja conhecimento acerca da ação maléfica do vírus em seres humanos, do seu real potencial letal nem de tratamento clínico ou vacina, até hoje. A proliferação da doença teve início na China, tendo como origem provável consumo humano de morcegos contaminados pelo vírus, que tem índice de contagio assustador e tem como repercussão gravosa o comprometimento pulmonar e necessidade do uso pelos infectados de respiradores artificiais, em unidades de terapia intensiva – UTIs, por muitos dias, gerando colapso dos sistemas de saúde pública e privada de países com melhor desenvolvimento econômico, inclusive.

ao aparecimento de variantes do vírus, ao que tudo indica, ainda mais contagiosas.

Há uma grave crise sanitária global em curso: a pandemia provocada pelo novo coronavírus (Covid-19), para a qual não existe ainda solução médica convencional para o tratamento, pois não há medicamento específico para combater a doença; e não existe unanimidade sobre a eficácia total da vacina, nem se possui ação preventiva sobre as novas variantes.

Entre outras medidas, a lei prevê a possibilidade de determinação de medidas de afastamento social, isolamento e quarentena domiciliar, visando reduzir contato físico e, portanto, o risco de contágio entre as pessoas. As evidências científicas coletadas, até então, e as recomendações da Organização Mundial da Saúde – OMS apontam que quanto menor o contato entre pessoas contaminadas – o vírus permite o desenvolvimento de doença assintomática em pessoas com imunidade fortalecida –, menor seria o risco de contágio e transmissão da doença.

Contudo, na ausência de um tratamento uniforme e centralizado pelo Governo Federal, por meio de diretrizes emitidas de forma coerente com as recomendações dos organismos internacionais de saúde pública e vigilância sanitária, os estados e municípios passaram a atuar diretamente no enfrentamento e combate ao novo coronavírus, por meio da adoção de ações preconizadas na referida lei.

Algumas das ações administrativas tomadas por estados e municípios, inicialmente pautados na Constituição Federal de 1988, aparentemente, conflitam com direito fundamental à liberdade de locomoção, por entenderem equivocadamente que medidas públicas de isolamento social poderiam restringir totalmente o direito de ir e vir das pessoas, em logradouros públicos e espaços de convívio coletivo, por meio do *lockdown*.[2]

---

[2] *Lockdown* (tradução livre: bloqueio total) é a versão mais rígida do distanciamento social e consiste numa imposição do Estado. Consiste em restringir a circulação da população em lugares públicos, permitindo sair apenas, e de forma limitada, para questões essenciais, como ir a farmácias, supermercados ou hospitais. O descumprimento dessa regra pode acarretar multas e medidas de restrição à liberdade individual, dependendo do governo local. No enfrentamento a uma pandemia, essa medida é a mais rigorosa a ser tomada e serve para desacelerar a propagação do novo coronavírus, visto que as medidas de isolamento social e de quarentena não foram suficientes e os casos aumentam diariamente.

2 Dos preceitos constitucionais e infraconstitucionais pertinentes à matéria

Cabe considerar o exame da tutela de direitos fundamentais, consagrados da Constituição, como vetor hermenêutico da análise do fenômeno jurídico dos atos administrativos decorrentes do enfrentamento da pandemia provocada pelo novo coronavírus.

São considerados direitos fundamentais todos aqueles inerentes e tendentes a assegurar a preservação da vida, não apenas sob o aspecto biológico, mas em sua essência, considerando as condições de existência digna, como parâmetro de subsistência. Seu fundamento reside na proteção da dignidade da pessoa humana, sendo a Constituição a sua fonte de validade. Nesse sentido, a Constituição de 1988, em seu preâmbulo, menciona que a Assembleia Nacional Constituinte buscou "instituir um Estado Democrático, destinado a assegurar o exercício dos direitos sociais e individuais, a liberdade, a segurança".[3]

O próprio desenvolvimento e evolução do conceito de direitos fundamentais é fruto da variabilidade de acontecimentos histórico-sociológicos que permitiram a definição de direito fundamental como fruto da humanidade pertencente a todos os indivíduos indistintamente. Evidencia Robert Alexy, citando Gálatas, 3:28, que "não há judeu nem grego, não há varão nem mulher, pois todos vós sois um em Cristo Jesus",[4] considerando o caráter de generalidade dos direitos fundamentais, inerentes à condição humana, desde tempos remotos. Temporalmente, os direitos fundamentais assumem diferentes funções[5]

---

[3] BRASIL. Constituição (1988). *Constituição da República Federativa do Brasil*. Disponível em: http://www.planalto.gov.br/ccivil_03/constituicao/constituicaocompilado.htm. Acesso em: 20 maio 2020.

[4] ALEXY, Robert. *Derechos fundamentales y Estado constitucional democrático*. Madrid: Centro de Estudios Políticos y Constitucionales, 1993. p. 32.

[5] Uadi Bulos aponta como funções dos direitos fundamentais dos indivíduos perante o Estado: "a) *Função de defesa ou liberdade*: os direitos fundamentais inibem que o Estado impeça ou obstaculize determinadas ações do titular do direito, correspondendo a um direito ao não impedimento a ações do titular do direito fundamental. Liga-se a direitos de 1ª geração, como direitos de liberdade negativa que impunha um dever de abstinência do Estado. b) *Função de prestação*: os direitos fundamentais exigem do Estado não apenas um dever de abstinência perante os direitos, para conduzi uma sociedade mais justa e igualitária, é preciso que o Estado promova os cidadãos de condições jurídicas e materiais favoráveis e indispensáveis ao exercício efetivo e concreto de suas liberdades. Tal função se liga aos direitos de 2ª geração, direito que exigem uma prestação do Estado no sentido de promover a justiça social. Essa função é limitada apenas pelas condições econômicas favoráveis, por isso, os direitos sociais, característicos dessa função se encontram limitados pela reserva do possível. c) *Função de proteção perante terceiros*: é a obrigação de que o Estado promova a proteção dos direitos fundamentais através da adoção de medidas positivas e eficientes, vocacionadas a proteger o exercício dos direitos fundamentais perante atividades de terceiros

dentro da configuração do Estado democrático de direito, passando a exigir não apenas deveres abstencionistas, mas verdadeiras prestações positivas de ordem estatal, cada vez maiores a depender do alcance do seu reconhecimento constitucional, na evolução da geração de direitos fundamentais.

Mostra-se, assim, que o enfrentamento da difícil crise sanitária, econômica e social que assola o mundo inteiro, especialmente de modo mais grave os países ainda em desenvolvimento e mais pobres, como o Brasil, deve ser considerado a partir de uma ponderação de direitos fundamentais, e de caráter humanitário, envolvendo a preservação da vida em sua integralidade, ou seja, um padrão de existência digna. Disso decorrem não apenas medidas de caráter sanitário e de saúde pública, mas também de manutenção da ordem social e econômica, tal como preceituado na Constituição. No entender de José Afonso da Silva:

> [...] dignidade é atributo intrínseco, essência, da pessoa humana, único ser que compreende um valor interno, superior e qualquer preço, que não admite substituição equivalente. Assim a dignidade se entranha e se confunde com a própria natureza do ser humano.[6]

O maior desafio de autoridades públicas consiste em coadunar a preservação da vida e da saúde por meio das recomendações sanitárias de afastamento, isolamento e quarentena da população, com a manutenção da ordem pública, da continuidade de atividades econômicas e sociais de caráter essencial. Ao tempo que sob o manto da constitucionalidade e legalidade todos os direitos a serem preservados assumem fundamental e igual importância pela ordem jurídica.

> Não basta, porém, a liberdade formalmente reconhecida, pois a dignidade da pessoa humana reclama condições mínimas de subsistência, existência digna conforme os ditames da justiça social como fim da ordem econômica. É de lembrar que constitui um desrespeito à dignidade da pessoa humana um sistema de profundas desigualdades, uma ordem econômica em que inumeráveis homens e mulheres são torturados pela fome, inúmeras crianças vivem na inanição, a ponto de milhares delas

---

que venham a afetá-los. d) *Função de não discriminação*: os direitos fundamentais têm por função a imposição de o Estado trate os seus cidadãos em condições de absoluta igualdade (BULOS, Uadi Lâmmego. *Curso de direito constitucional*. 11. ed. São Paulo: Saraiva, 2017. p. 527. Grifos nossos).

[6] SILVA, José Afonso da. *Comentário contextual à Constituição*. 9. ed. São Paulo: Malheiros, 2014. p. 40.

morrerem em tenra idade. Não é concebível uma vida com dignidade entre a fome, a miséria e a incultura; a liberdade humana com frequência se debilita quando o homem cai em extrema necessidade, pois a igualdade e dignidade da pessoa exigem que se chegue a uma situação social mais humana e mais justa. Resulta escandaloso o fato de das sucessivas desigualdades econômicas e sociais que se dão entre os membros ou os povos de uma mesma família humana. Contrarias à justiça social, à equidade, à dignidade da pessoa humana e a paz social e internacional.[7]

Em se tratando de direitos constitucionais de ordem social, como saúde, educação, alimentação, trabalho e moradia, entre outros assegurados no art. 6º da Constituição de 1988,[8] a saúde foi consagrada como direito social fundamental,[9] nesse sentido este artigo garante políticas sociais e econômicas que visem à redução do risco de doença e de outros agravos, entre outras coisas, para proteção e recuperação da sociedade.

Os direitos ligados ao social valem como pressupostos de realização de direitos individuais, na medida em que criam condições materiais para o gozo da igualdade material, que permite a efetividade das liberdades. Tais direitos podem assumir dupla vertente:

[...] uma, de natureza negativa, que consiste no direito de exigir do Estado (ou de terceiros) que se abstenha de qualquer ato que prejudique à saúde, outra, de natureza positiva, que significa o direito às medidas e prestações estaduais visando a prevenção de doenças e ao tratamento delas.[10]

O avanço constitucional em matéria de direito à saúde, sem dúvidas, se deve à universalização do acesso a todos os cidadãos brasileiros e estrangeiros, aqui residentes, à saúde pública. O art. 196[11] da Constituição consagra que a saúde é dever do Estado como um todo, assim compreendidos a União, os estados, o Distrito Federal e os

---

[7] SILVA, José Afonso da. *Comentário contextual à Constituição*. 9. ed. São Paulo: Malheiros, 2014. p. 41.
[8] Constituição de 1988: "Art. 6º São direitos sociais a educação, a saúde, a alimentação, o trabalho, a moradia, o transporte, o lazer, a segurança, a previdência social, a proteção à maternidade e à infância, a assistência aos desamparados, na forma desta Constituição".
[9] A Constituição de 1988 foi a primeira a garantir à saúde o *status* de direito fundamental, seguindo a tendência global: a Constituição italiana reconhece a saúde como direito individual e de interesse coletivo (art. 32); a Constituição portuguesa, no art. 64; e a Constituição espanhola, no art. 43.
[10] CANOTILHO, Gomes; MOREIRA, Vital. *Constituição da República portuguesa anotada*. 3. ed. [s.l.]: [s.n.], [s.d.]. v. I. p. 342.
[11] "Art. 196. A saúde é direito de todos e dever do Estado, garantido mediante políticas sociais e econômicas que visem à redução do risco de doença e de outros agravos e ao acesso universal e igualitário às ações e serviços para sua promoção, proteção e recuperação".

municípios, que deverão fazer por si próprios ou por meio de entidades públicas ou paraestatais.

As prestações públicas em matéria de saúde devem ocorrer não apenas por meio de tratamento médico de doenças, mas de forma bem mais ampla – devem se concretizar por meio de políticas sociais e econômicas que minimizem o risco de doenças e de comprometimento físico ou psicológico do indivíduo.

O direito à saúde e o dever do Estado não se limitam à recuperação da saúde, à oferta de medicina curativa, mas, especialmente, medicina preventiva, ações e serviços destinados a evitar doença – o que se vê da cláusula "políticas [...] que visem à redução do risco de doença e de outros agravos". A ênfase esta precisamente aí, na promoção e proteção de uma vida humana saudável, como um direito fundamental, no qual entra, com igual força, a recuperação da saúde.[12]

Embasados nessas disposições constitucionais em matéria de saúde, que foi atribuído ao Poder Público o poder-dever de desenvolver uma série de atividades, inclusive, controlando questões de ordem sanitária. A partir daí, alguns estados e municípios começaram emitir atos administrativos determinando afastamento social, por meio da restrição à circulação, mitigando outro direito de igual importância, que é o referente às liberdades constitucionais.

A liberdade pode ser encarada objetivamente sob diversos aspectos, sobretudo em relação à liberdade de locomoção e circulação de pessoas. O direito à liberdade é fruto de conquista histórica do homem, que se tornou cada vez mais livre na mediada em que ampliou o seu domínio sobre a natureza e sobre as relações sociais, de modo que a liberdade é uma conquista constante da humanidade.

A Declaração dos Direitos do Homem e do Cidadão, de 1789, conceitua a liberdade como:

> poder de fazer tudo o que não prejudique a outrem; assim, o exercício dos direitos naturais do homem não tem outros limites senão os que asseguram os demais membros da sociedade o gozo dos mesmos direitos. Esses limites só a lei pode determinar. [...] A lei não pode proibir senão às ações nocivas à sociedade.

---

[12] SILVA, José Afonso da. *Comentário contextual à Constituição*. 9. ed. São Paulo: Malheiros, 2014. p. 782.

Desse modo, a liberdade humana deve consistir no sentido do poder de fazer ou deixar de fazer de cada um de nós, de acordo com as próprias convicções pessoais, em busca do melhor para si mesmo. Conforme a definição de Jean Rivero: "A liberdade é um poder de autodeterminação, em virtude do qual o homem escolhe por si mesmo seu comportamento pessoal".[13]

A Constituição de 1988 trata da tutela das liberdades, especialmente de locomoção, no *caput* do art. 5º e no inc. XV, do mesmo dispositivo, ao considerar que é livre a locomoção das pessoas físicas, em condições normais, uma vez que todos seriam dotados de juízo de autodeterminação pessoal para determinar a locomoção desembaraçada no território nacional.

O direito de circulação trata, especificamente, da liberdade de se deslocar de um ponto a outro, por meio de vias e espaços públicos. Consequentemente, a Administração Pública não deve impedir o livre trânsito de pessoas e veículos, em condições de estabilidade social. A menos que circunstâncias excepcionais determinem, o Estado – aqui compreendidos quaisquer entes estatais dotados de poderes legais de polícia administrativa – não poderá impedir a livre circulação de pessoas e veículos em vias públicas e demais bens públicos de uso comum da sociedade, garantida a proteção por meio da invocação da garantia do *habeas corpus*.

Pautado nos princípios constitucionais da isonomia e da liberdade de locomoção, cabe apontar o posicionamento do Supremo Tribunal Federal, restringindo excessos de autoridades no uso de poderes administrativos, em sede de controle concentrado de constitucionalidade, na ADI nº 1.706, de relatoria do Min. Eros Grau:

> Lei distrital 1.713, de 3-9-1997. Quadras residenciais do Plano Piloto da Asa Norte e da Asa Sul. [...] O art. 4º da lei possibilita a fixação de obstáculos a fim de dificultar a entrada e saída de veículos nos limites externos das quadras ou conjuntos. Violação do direito à circulação, que é a manifestação mais característica do direito de locomoção. *A administração não poderá impedir o trânsito de pessoas no que toca aos bens de uso comum.* O tombamento é constituído mediante ato do Poder Executivo que estabelece o alcance da limitação ao direito de propriedade. (Grifos nossos)

---

[13] RIVERO, Jean. *Les Lebertés Publiques*: I- Les Droits de l'Homme. p. 14 *apud* SILVA, José Afonso da. *Comentário contextual à Constituição*. 9. ed. São Paulo: Malheiros, 2014. p. 71.

Além desse, trata da mesma matéria, segue o julgado correlato no HC nº 89.645, de relatoria do Min. Gilmar Mendes, e o RHC nº 105.776, de relatoria do Min. Celso de Mello:

> Para que a liberdade dos cidadãos seja legitimamente restringida, é necessário que o órgão judicial competente se pronuncie de modo expresso, fundamentado e, na linha da jurisprudência deste STF, com relação às prisões preventivas em geral, deve indicar elementos concretos aptos a justificar a constrição cautelar desse direito fundamental [...]. O acórdão impugnado, entretanto, partiu da premissa de que a prisão preventiva, nos casos em que se apure suposta prática do crime de deserção (CPM, art. 187), deve ter duração automática de sessenta dias. A decretação judicial da custódia cautelar deve atender, mesmo na Justiça Castrense, aos requisitos previstos para a prisão preventiva nos termos do art. 312 do CPP. (Grifos nossos)

3 Da competência administrativa do Estado em matéria de saúde pública

As competências administrativas materiais dos entes federativos brasileiros estão definidas no texto constitucional de forma complexa, nos seus arts. 21, 23, 25 e 30. Entretanto, apesar do grande rol de matérias discriminadas como de competência material comum ou exclusiva da União, estados, Distrito Federal e municípios, é possível apreender a lógica das disposições constitucionais, considerando a incidência do princípio da preponderância do interesse público envolvido na demanda material a ser realizada pelo ente federativo.

Entre as competências comumente atribuídas a todos os entes federativos, descritas no rol do art. 23 da Constituição, encontra-se cuidar da saúde e assistência pública, no inc. II. A competência comum significa que a prestação do serviço por um ente não exclui a participação dos demais, no mesmo sentido. Trata-se de poder-dever atribuído igualmente a todos os entes públicos de empreender esforços, no uso de poderes administrativos necessários, para a garantia da satisfação dos interesses públicos presentes na formulação de políticas públicas e prestação dos respectivos serviços públicos em nível geral, regional ou local.

Sob o manto da legalidade, cabe aos órgãos e entidades públicas pertencentes à União, aos estados federados, ao Distrito Federal e aos municípios a competência para prestar serviços de saúde e de assistência pública, principalmente, considerando o contexto atual de necessário controle do avanço da pandemia provocada pelo novo coronavírus, no país.

Desse modo, o Plenário do Supremo Tribunal Federal fixou, no Recurso Extraordinário nº 855.178, de relatoria do Ministro Luiz Fux, a tese de repercussão geral que reafirma responsabilidade solidária de entes federados na assistência à saúde, com o seguinte entendimento:

> Os entes da federação, em decorrência da competência comum, são solidariamente responsáveis nas demandas prestacionais na área da saúde e, diante dos critérios constitucionais de descentralização e hierarquização, compete à autoridade judicial direcionar o cumprimento *conforme as regras de repartição de competências* e determinar o ressarcimento a quem suportou o ônus financeiro. (Grifos nossos)

Diante da pandemia provocada pelo novo coronavírus, o STF reconheceu a competência concorrente da União, dos estados, do Distrito Federal e dos municípios para praticar ações e executar serviços no combate ao Covid-19, dada sua competência constitucional no controle de constitucionalidade de lei e atos normativos do Poder Público, conforme segue no julgamento da ADI nº 3.345, de relatoria do Ministro Celso de Mello:

> A força normativa da Constituição da República e o monopólio da última palavra, pelo STF, em matéria de interpretação constitucional. O exercício da jurisdição constitucional – que tem por objetivo preservar a supremacia da Constituição – põe em *evidência a dimensão essencialmente política em que se projeta a atividade institucional do STF*, pois, no processo de indagação constitucional, assenta-se a magna prerrogativa de decidir, em última análise, sobre a própria substância do poder. (Grifos nossos)

Em outro recurso extraordinário, de nº 730.462, sob relatoria do Ministro Teori Zavascki, foi assentado:

> A sentença do STF que afirma a constitucionalidade ou a inconstitucionalidade de preceito normativo gera, no plano do ordenamento jurídico, a consequência (= eficácia normativa) de manter ou excluir a referida norma do sistema de direito. Dessa sentença decorre também o efeito vinculante, consistente em atribuir ao julgado uma qualificada força impositiva e obrigatória em relação a supervenientes atos administrativos ou judiciais (= eficácia executiva ou instrumental), que, para viabilizar-se, tem como instrumento próprio, embora não único, o da reclamação prevista no art. 102, I, l, da Carta Constitucional. A eficácia executiva, por decorrer da sentença (e não da vigência da norma examinada), tem como termo

inicial a data da publicação do acórdão do Supremo no Diário Oficial (art. 28 da Lei 9.868/1999). É, consequentemente, eficácia que atinge atos administrativos e decisões judiciais supervenientes a essa publicação, não os pretéritos, ainda que formados com suporte em norma posteriormente declarada inconstitucional. Afirma-se, portanto, como tese de repercussão geral que a decisão do STF declarando a constitucionalidade ou a inconstitucionalidade de preceito normativo não produz a automática reforma ou rescisão das sentenças anteriores que tenham adotado entendimento diferente; para que tal ocorra, será indispensável a interposição do recurso próprio ou, se for o caso, a propositura da ação rescisória própria, nos termos do art. 485, V, do CPC, observado o respectivo prazo decadencial (CPC, art. 495). Ressalva-se desse entendimento, quanto à indispensabilidade da ação rescisória, a questão relacionada à execução de efeitos futuros da sentença proferida em caso concreto sobre relações jurídicas de trato continuado.

A partir de tal entendimento jurisdicional, as autoridades públicas de estados e municípios tiveram assegurada a competência administrativa necessária para tomar medidas de polícia administrativa, no sentido de restringir convívio social, "normal" até então, como medidas de isolamento social, considerando os níveis de contaminação e as peculiaridades regionais e locais de enfrentamento da situação epidêmica.

4 Análise da legalidade, razoabilidade e proporcionalidade das medidas de controle da pandemia provocada pelo Covid-19, no Brasil

O princípio da legalidade aplicável à Administração Pública brasileira impede que ações em descompasso com a ordem jurídica subsistam, para a preservação dos interesses públicos tutelados pela lei. Entre os vetores da lei e da atuação administrativa pelo Poder Público, há valores constitucionais e direitos fundamentais do cidadão, *in casu*, as liberdades individuais e a preservação da saúde pública.

O princípio da legalidade é um elemento basilar do Estado democrático de direito; é, como bem observa Celso Antônio Bandeira de Mello,[14] "[...] Justamente aquele que o qualifica e que lhe dá a identidade própria". Na Lei Maior o encontramos, explícita ou implicitamente, em vários artigos, como no art. 5º, inc. II, que consagra este princípio nos

---

[14] BANDEIRA MELLO, Celso Antônio. *Curso de direito administrativo*. São Paulo: Malheiros, 2005. p. 71.

seguintes termos: "Ninguém será obrigado a fazer ou deixar de fazer alguma coisa senão em virtude de lei", no art. 84, IV, além de estar disposto de forma expressa no art. 37 da Constituição.

O princípio da legalidade consiste na ideia de que todo e qualquer ato que emana da Administração Pública deve ter prévia determinação legal. Não havendo, a atividade é ilegal e ilegítima. De acordo com Hely Lopes Meirelles,[15] a legalidade administrativa significa que o administrador público está, em toda a sua atividade funcional, sujeito aos mandamentos da lei e às exigências do bem comum, e deles não se pode afastar ou desviar, sob pena de praticar ato inválido e expor-se à responsabilidade disciplinar, civil, criminal, conforme o caso.

Entende-se, portanto, que o Estado terá sua atuação limitada pela lei, e, em caso de inobservância, ter seus atos declarados inválidos ou anulados por via administrativa ou judicial.[16] Sabendo-se que a Administração Pública, em seus atos, deve agir em conformidade com a lei, o princípio da legalidade se mostra de observância essencial para validação dos atos administrativos. Como leciona Diógenes Gasparini, "qualquer ação estatal sem o correspondente calço legal, ou que exceda o âmbito demarcado pela lei, é injurídica e se expõe a anulação".[17]

Seguindo esta concepção, Celso Antônio Bandeira de Mello aponta que "o princípio da Legalidade contrapõe-se, portanto, e visceralmente, a quaisquer tendências de exacerbação pessoalista dos governantes".[18] Assim, a observância do princípio da legalidade, objetivando também dar mais efetividade a outro importantíssimo princípio do direito administrativo que é o princípio da indisponibilidade do interesse público, também se mostra indispensável a fim de evitar que haja, por parte do Poder Público, abusos de autoridade em prejuízo dos seus administrados.

Seus fundamentos principais são o da limitação dos atos da Administração Pública aos dispositivos legais, objetivando-se, também, o controle contra atos que venham a se mostrar abusivos em desfavor dos administrados. Esse princípio, ao inverso do que se dá para os particulares, significa que a gestão pública não pode transgredir as barreiras legais, devendo limitar-se ao que ali foi disposto, sendo-lhe

---

[15] Cf. MEIRELLES, Hely Lopes. *Curso de direito administrativo*. São Paulo: Malheiros, 2009. p. 89.
[16] Súmula nº 473 do Supremo Tribunal Federal.
[17] GASPARINI, Diógenes. *Direito administrativo*. São Paulo: Saraiva, 2011. p. 7-8.
[18] BANDEIRA MELLO, Celso Antônio. *Curso de direito administrativo*. São Paulo: Malheiros, 2005. p. 71.

proibida a prática de tudo aquilo que não estiver positivado, ressalvadas as hipóteses elencadas na Lei Maior.

O exame de legalidade de medidas administrativas, aparentemente legais, cujo conteúdo, porém, exceda o critério social de adequação ao fundamento fático de validade, deve acontecer à luz da juridicidade dos atos administrativos, que permite a aplicabilidade de princípios implícitos e reconhecidos pela doutrina e jurisprudência na ordem jurídica administrativa, no exame de legalidade de atos do Poder Público. É possível destacar o uso dos princípios da razoabilidade e proporcionalidade.

Nesse sentido, segundo o princípio da razoabilidade, ao administrador não é dado interpretar ou aplicar a lei que autoriza a sua atuação segundo seus valores pessoais, mas a partir da perspectiva do resultado que corresponda à concretização da justiça.[19] O princípio não é decorrente da racionalidade, mas da razoabilidade, e atua como limitação ao exercício do poder, determinando a aplicação do bom senso da execução de medidas administrativas. Seria a congruência lógica entre as situações postas e as decisões administrativas tomadas, pois estas últimas devem se atrelar às necessidades da coletividade, à legitimidade, à economicidade etc.

Razoabilidade é a qualidade do que é razoável, ou seja, aquilo que situa dentro de limites aceitáveis, ainda que os juízos de valor que provocaram a conduta possam dispor de forma uma pouco diversa. Assim, a razoabilidade atua como um limite ao exercício da legalidade pelos agentes públicos. Uma conduta ofensiva ao princípio da razoabilidade é uma conduta ilegal: "[...] uma providencia desarrazoada, consoante dito, não pode ser havida como comportada pela lei. Logo, é ilegal; é desbordante dos limites nela admitidos".[20]

Já a proporcionalidade, enquanto princípio vetor de comportamentos estatais, obriga a permanente adequação entre os meios empregados e os fins desejados, banindo-se medidas abusivas ou de qualquer modo com intensidade superior ao estritamente necessário. O administrador público está obrigado a sacrificar o mínimo para preservar o máximo de direitos.

A proporcionalidade dá-se a partir da configuração de um tríplice fundamento: a adequação, em que o meio empregado na atuação deve

---

[19] Cf. MAZZA, Alexandre. *Curso de direito administrativo*. São Paulo: Saraiva, 2018.
[20] BANDEIRA MELLO, Celso Antônio. *Curso de direito administrativo*. São Paulo: Malheiros, 2005.

ser compatível com o fim colimado; a exigibilidade, pois a conduta deve ser necessária e o meio escolhido deve causar o menor prejuízo possível para os indivíduos; e proporcionalidade em sentido estrito, uma vez que as vantagens a serem alcançadas devem ser maiores que os prejuízos decorrentes da medida.

Passando à análise de legalidade dos atos administrativos praticados pelas autoridades públicas no combate ao Covid-19, no Brasil, percebemos que não há uniformidade nas políticas públicas nas diversas localidades,[21] de norte a sul do país, tendo em vista as dimensões geográficas de ordem continental e a pluralidade de circunstâncias fáticas variável de acordo com local e região nacional.

Prevendo a possibilidade de chegada ao país, face a decretação de emergência epidemiológica internacional, decretada pela OMS, foi editada norma de caráter temporário e excepcional, de modo a conferir maior segurança jurídica aos gestores e agentes públicos em geral no enfrentamento do novo coronavírus, por meio de políticas públicas de saúde e medidas socioeconômicas necessárias. A Lei nº 13.979, de 6.2.2020, portanto, foi promulgada para dispor sobre as medidas para enfrentamento do Covid-19, com validade para todo o Brasil, e regulamentada pela Medida Provisória nº 926, de 2020 e pelos decretos nºs 10.282 e 10.288, de 2020, que especificam as atividades essenciais para fins de aplicação da lei, em caráter federal.

A Lei do Novo Coronavírus, como vem sendo denominada a referida lei, em seu art. 3º, trata das medidas administrativas que, entre outras, poderão ser adotadas pelas autoridades, no âmbito de suas competências: o isolamento social; a quarentena; a determinação de realização compulsória de exames médicos, testes laboratoriais, coleta de amostras clínicas, vacinação e outras medidas profiláticas, tratamentos médicos específicos, estudo ou investigação epidemiológica, exumação, necropsia, cremação e manejo de cadáver; a restrição excepcional e temporária, conforme recomendação técnica e fundamentada da Agência Nacional de Vigilância Sanitária, por rodovias, portos ou aeroportos de entrada e saída do país e locomoção interestadual e intermunicipal; a requisição de bens e serviços de pessoas naturais e

---

[21] De forma diversa em países europeus, de menor dimensão geográfica e maior uniformidade de parâmetros socioeconômicos, há políticas públicas mais uniformes e regramento único sobre a forma de enfrentamento da doença. Já os Estados Unidos, respeitando a tradição federalista, respeitou a autonomia dos estados, tendo política pública de enfrentamento descentralizada e com maior ou menor adesão às medidas de afastamento social, de acordo com os índices de contaminação de cada região, considerada individualmente.

jurídicas, hipótese em que será garantido o pagamento posterior de indenização justa; e a autorização excepcional e temporária para a importação de produtos sujeitos à vigilância sanitária sem registro na Anvisa, desde que registrados por autoridade sanitária estrangeira e previstos em ato do Ministério da Saúde.

Tal dispositivo passou a ter sua constitucionalidade questionada por ação direta de inconstitucionalidade – ADI nº 6.341 – na qual o Plenário do Supremo Tribunal Federal (STF), por unanimidade, confirmou o entendimento de que as medidas adotadas pelo Governo Federal na Medida Provisória (MP) nº 926/2020 para o enfrentamento do novo coronavírus não afastam a competência concorrente nem a tomada de providências normativas e administrativas pelos estados, pelo Distrito Federal e pelos municípios.[22]

Vislumbrando a competência local e regional de estados e municípios para a prática das medidas administrativas necessárias ao combate do novo coronavírus, governadores e prefeitos de localidades atingidas pela contaminação, ou preventivamente, prevendo ser afetados, passaram a regulamentar, mediante decretos estaduais e municipais, a aplicação da Lei nº 13.979/2020, de forma a orientar as ações de seus agentes públicos.

Entretanto, nem todos o fizeram de maneira constitucional, respeitando o quadro normativo que delimita a ação normativa de caráter administrativo; ou legal, respeitando os limites de atuação preconizados na Lei nº 13.979/2020, que especificou parâmetros de atuação do Poder Público no exercício do poder de polícia administrativa, exatamente de modo a coibir possíveis excessos ou desvios de finalidade dos atos necessários ao enfrentamento da pandemia provocada pelo novo coronavírus.

---

[22] "Decisão: O Tribunal, por maioria, referendou a medida cautelar deferida pelo Ministro Marco Aurélio (Relator), acrescida de interpretação conforme à Constituição ao §9º do art. 3º da Lei nº 13.979, a fim de explicitar que, preservada a atribuição de cada esfera de governo, nos termos do inciso I do art. 198 da Constituição, o Presidente da República poderá dispor, mediante decreto, sobre os serviços públicos e atividades essenciais, vencidos, neste ponto, o Ministro Relator e o Ministro Dias Toffoli (Presidente), e, em parte, quanto à interpretação conforme à letra b do inciso VI do art. 3º, os Ministros Alexandre de Moraes e Luiz Fux. Redigirá o acórdão o Ministro Edson Fachin. Falaram: pelo requerente, o Dr. Lucas de Castro Rivas; pelo amicus curiae Federação Brasileira de Telecomunicações - FEBRATEL, o Dr. Felipe Monnerat Solon de Pontes Rodrigues; pelo interessado, o Ministro André Luiz de Almeida Mendonça, Advogado-Geral da União; e, pela Procuradoria-Geral da República, o Dr. Antônio Augusto Brandão de Aras, Procurador-Geral da República. Afirmou suspeição o Ministro Roberto Barroso. Ausente, justificadamente, o Ministro Celso de Mello. Plenário, 15.04.2020 (Sessão realizada inteiramente por videoconferência - Resolução 672/2020/STF)".

Desse modo, a regulamentação realizada pelos estados e municípios deve se guiar pelos vetores normativos constitucionais, de modo que as medidas de afastamento social não podem vir a representar cárcere privado dos cidadãos, em geral, pela mitigação da liberdade individual; a polícia judiciária não pode tomar medidas de encarceramento motivadas simplesmente pela livre circulação de pessoas em vias ou espaços públicos; os agentes de fiscalização de trânsito não podem decidir pelo recolhimento de veículos que estejam circulando em "desconformidade" com parâmetros estatais definidos em decreto; não pode haver a aplicação de multas ou imposição de obrigação tributária, com responsabilização futura pelo descumprimento de obrigação não regulamentada previamente em lei.

Essa corresponde à descrição de apenas algumas flagrantes inconstitucionalidades[23] verificadas no exercício das competências comuns em matéria de saúde pública e medidas de prevenção à contaminação das pessoas pelo novo coronavírus. Quer seja violando flagrantemente o direito constitucional às liberdades individuais ou aos desdobramentos do princípio da legalidade aplicável à Administração Pública, vedando a adoção de atos administrativos desarrazoados ou desproporcionais ao exigido pela realidade fática fundamentadora. Nesse sentido já se manifestou o Supremo Tribunal Federal, na ADI nº 1.439, de relatoria do Ministro Celso de Mello:

> A situação de inconstitucionalidade pode derivar de um comportamento ativo do poder público, que age ou edita normas em desacordo com o que dispõe a Constituição, ofendendo-lhe, assim, os preceitos e os princípios que nela se acham consignados. [...] A situação de inconstitucionalidade pode derivar de um comportamento ativo do poder público, que age ou edita normas em desacordo com o que dispõe a Constituição, ofendendo-lhe, assim, os preceitos e os princípios que nela se acham consignados.

A competência de entes federativos para lidar com o quadro fático socioeconômico, que venha a embasar a tomada de providências administrativas, entre as quais a regulamentação de parâmetros mais

---

[23] Sabemos que o direito evolui e que o próprio STF já havia decidido no HC nº 93.280 de relatoria do Min. Celso de Mello que "A legitimidade da adequação, mediante interpretação do Poder Judiciário, da própria Constituição da República, se e quando imperioso compatibilizá-la, mediante exegese atualizadora, com as novas exigências, necessidades e transformações resultantes dos processos sociais, econômicos e políticos que caracterizam, em seus múltiplos e complexos aspectos, a sociedade contemporânea".

precisos de atuação dos agentes públicos, não pode vir a representar uma carta branca para prática de qualquer tipo de ato administrativo ilegal, desarrazoado ou desproporcional por parte dos chefes do Executivo. É necessário o respeito às premissas básicas do Estado democrático de direito nos atos administrativos necessários à garantia da saúde pública e prevenção da contaminação, ainda maior, pelo novo coronavírus. O respeito à legalidade não admite exceções, e as liberdades individuais não podem ser flexibilizadas ao ponto de se esvaírem pelo autoritarismo de medidas estatais.

5 Conclusão

O enfrentamento ao avanço da contaminação pelo novo coronavírus exige a realização de medidas administrativas estatais, visando ao bem comum e à saúde pública. Nesse sentido, foi promulgada a Lei nº 13.979, de 6.2.2020, que dispõe sobre as medidas para enfrentamento da emergência de saúde pública de importância internacional decorrente do coronavírus responsável pelo surto de 2019. Entre outras medidas, a lei prevê a possibilidade de determinação de afastamento social, isolamento e quarentena domiciliar, visando reduzir contato físico e, portanto, o risco de contágio entre as pessoas.

As obrigações legais do Poder Público de atuar no enfrentamento ao Covid-19 se fundamentam nas evidências científicas coletadas, até então, e nas recomendações feitas pela Organização Mundial da Saúde – OMS, que apontam que, quanto menor o contato entre pessoas contaminadas – o vírus permite o desenvolvimento de doença assintomática em pessoas com imunidade fortalecida –, menor é o risco de contágio e transmissão da doença.

Contudo, na ausência de um tratamento uniforme e centralizado pelo Governo Federal, por meio diretrizes emitidas de forma coerente com as recomendações dos organismos internacionais de saúde pública e vigilância sanitária, estados e municípios passaram a atuar no enfrentamento e combate ao novo coronavírus, por meio da adoção de ações preconizadas na referida lei, com base em decretos regulamentares de ordem regional e local, respectivamente.

Contudo, tais ações vêm colocando em xeque a liberdade de locomoção prevista no art. 5º, XV, por meio de decretos excessivos e atos administrativos de agentes públicos que ultrapassam o limite de razoabilidade e proporcionalidade exigidos. Tal assertiva é muito grave, pois legalidade e liberdade são valores intrínsecos da ordem jurídica de um Estado democrático de direito.

A recente decisão jurisprudencial do Supremo Tribunal Federal reforçou o poder concedido, por meio de competência constitucional concorrente em matéria de saúde pública, de estados e municípios para determinar o próprio modo de funcionamento de políticas públicas de enfrentamento ao novo coronavírus. Tal decisão, teve como *ratio* o reforço da perspectiva constitucional de um federalismo cooperativo e não de servir de fundamento para atos autoritários e excessivos, tomados por qualquer tipo de agentes públicos.

A supremacia das normas constitucionais e dos valores e princípios nela transcritos devem constituir a principal diretriz da atuação dos agentes públicos, de modo que a liberdade somente pode ser mitigada de forma justa e fundamentada em lei, de forma razoável e proporcional. Assim, cabe a recomendação de medida sanitária de isolamento social de cidadãos possivelmente infectados, mas se mostraria desarrazoada a prisão em flagrante de cidadão comum, cumpridor de suas obrigações legais, por simplesmente caminhar em espaço aberto, desacompanhado e usando máscara, conforme recomendações gerais de ordem sanitária.

A polarização do poder normativo de União, estados e municípios vem causando mais incertezas e insegurança jurídica que eficiência no combate ao novo coronavírus. É dever solidário dos entes federativos prestar assistência à saúde, adotando, além de afastamento, isolamento social e quarentena, outras políticas públicas governamentais de proteção social, sendo este o grande desafio diante do tamanho do nosso país, principalmente, diante da díspar realidade econômica brasileira.

Referências

ALEXY, Robert. *Derechos fundamentales y Estado constitucional democrático*. Madrid: Centro de Estudios Políticos y Constitucionales, 1993.

BANDEIRA MELLO, Celso Antônio. *Curso de direito administrativo*. São Paulo: Malheiros, 2005.

BRASIL. Constituição (1988). *Constituição da República Federativa do Brasil*. Disponível em: http://www.planalto.gov.br/ccivil_03/constituicao/constituicaocompilado.htm. Acesso em: 20 maio 2020.

BRASIL. Decreto nº 10.282, de 20 de março de 2020. *Diário Oficial da República Federativa do Brasil*, Brasília, 20 mar. 2020. Edição extra G, republicado em 21.3.2020. Edição extra H.

BRASIL. Decreto nº 10.288, de 22 de março de 2020. *Diário Oficial da República Federativa do Brasil*, Brasília, 22 mar. 2020. Edição extra J.

BRASIL. *Lei nº 13.979, de 6 de fevereiro de 2020*. Disponível em: http://www.planalto.gov.br/ccivil_03/_ato2019-2022/2020/lei/L13979.htm Acesso em: 20 maio 2020.

BRASIL. Medida Provisória nº 926, de 20 de março de 2020. *Diário Oficial da República Federativa do Brasil*, Brasília, 14 maio 2020 e retificado no *DOU*, 20 mar. 2020. Edição extra G.

BRASIL. Supremo Tribunal Federal. *Súmula nº 473*. Disponível em: http://www.stf.jus.br/portal/jurisprudencia/menuSumarioSumulas.asp?sumula=1602. Acesso em: 20 maio 2020.

BULOS, Uadi Lâmmego. *Curso de direito constitucional*. 11. ed. São Paulo: Saraiva, 2017.

CANOTILHO, Gomes; MOREIRA, Vital. *Constituição da República portuguesa anotada*. 3. ed. [s.l.]: [s.n.], [s.d.]. v. I.

GASPARINI, Diógenes. *Direito administrativo*. São Paulo: Saraiva, 2011.

MAZZA, Alexandre. *Curso de direito administrativo*. São Paulo: Saraiva, 2018.

MEIRELLES, Hely Lopes. *Curso de direito administrativo*. São Paulo: Malheiros, 2009.

SILVA, José Afonso da. *Comentário contextual à Constituição*. 9. ed. São Paulo: Malheiros, 2014.

SILVA, José Afonso da. *Curso de direito constitucional positivo*. 26. ed. São Paulo: Malheiros, 2006.

Informação bibliográfica deste texto, conforme a NBR 6023:2018 da Associação Brasileira de Normas Técnicas (ABNT):

LOBATO, Caroline. Análise da legalidade das medidas estatais de afastamento social como mecanismo de contenção da pandemia provocada pelo novo coronavírus no Brasil. *In*: CAVALCANTI, Juliana Tôrres de Vasconcelos Bezerra (Coord.). *Direito Administrativo*: temas atuais e relevantes. Belo Horizonte: Fórum, 2021. p. 77-94. ISBN 978-65-5518-179-1.

OS CONVÊNIOS PÚBLICOS NO BRASIL: PARTICULARIDADES, NOVO PARADIGMA E O PROJETO DE LEI Nº 1.292/1995

JULIANA TÔRRES DE VASCONCELOS BEZERRA CAVALCANTI

1 Convênios administrativos e suas particularidades

Os convênios administrativos são instrumentos utilizados pelos entes públicos para repasse visando à realização de um objeto que apresente relevância e interesse público em regime de mútua cooperação.

São, em verdade, uma forma encontrada pela Administração Pública para realização de tarefas por outros entes e entidades para desafogar o serviço público, torná-lo mais eficiente ou até mesmo possível, já que a realização de determinados serviços ou obras unicamente pelo Poder Público demandaria mais esforços e tempo do que se realizados por entidade que tenha expertise e prática diária em tal atividade.

As partes envolvidas são denominadas convenente e concedente. O primeiro é o partícipe que recebe o recurso público, podendo ser órgão ou entidade da Administração Pública estadual, distrital ou municipal, direta ou indireta, ou entidades privadas sem fins lucrativos, e o segundo é o órgão responsável pelo repasse dos recursos, podendo ser da Administração Pública federal direta, autarquias, fundações públicas, empresas públicas ou sociedades de economia mista.

Podemos dizer de maneira geral que a feitura e execução desse instrumento apresentam 4 fases, sendo elas: a proposição, fase na qual o interessado elabora o plano de trabalho (documento em que estão contidas todas as descrições do objeto, valores envolvidos, plano de execução, prazos e regras de prestação de contas) e o envia para aprovação do órgão afim à matéria do objeto; após aprovação da proposta e do plano de trabalho pelos partícipes, parte-se para a formalização dos termos indicados no plano de trabalho e celebração do convênio que entra em vigor após a sua publicação no *Diário Oficial*; bem, após a celebração, inicia-se de fato a execução do instrumento seguindo as especificações contidas no plano de trabalho e as normas orçamentárias. Por fim, temos a prestação de contas, momento em que o convenente, ou seja, o partícipe que recebeu os recursos demonstra a correta aplicação dos recursos e como se deu a execução do objeto. Assim, temos proposição, celebração, execução e prestação de contas. Obviamente que a realidade não é tão simplificada assim, cada fase apresenta suas subfases e desdobramentos relacionados aos fatos e eventos que ocorrem ao longo do desenvolvimento do objeto.

A figura dos convênios públicos apareceu no direito administrativo na Lei de Licitação nº 8.666/93, conforme previsto em seu art. 116, sendo ainda normatizada pelo Decreto nº 6.170/2007, que sofreu recente atualização por meio do Decreto nº 8.943/2016 e pela Portaria Interministerial nº 424 de dezembro de 2016.

Durante todo esse período, desde o seu surgimento, as normas que regem a transferência de recursos públicos por meio dos convênios administrativos sofreram ajustes e modificações, tornando o instrumento cada vez mais controlado e os seus passos e desenvolvimento mais vigiados pelo Poder Público.

A presença de tal instrumento nos repasses também cresceu com o passar dos anos, e o volume de recursos repassados são alarmantes, alcançando somas bilionárias. O Ministério da Transparência e a Controladoria-Geral da União fizeram o levantamento do uso desse instrumento a partir de 1996.

Partindo de 1996, entre União, estados e municípios, organizações públicas ou privadas sem fins lucrativos foi celebrado um total de 511.972 convênios, tendo sido acordado o montante de R$456,93 bilhões, dos quais foram liberados R$295,97 bilhões.[1]

De todos os instrumentos firmados, o Ministério da Saúde é o órgão que mais firmou essa espécie de acordo, seguido do Ministério do Desenvolvimento Social, Ministério das Cidades, da Integração Nacional e da Educação, respectivamente, ficando os demais valores para os demais órgãos.

---

[1] BRASIL. Portal da Transparência. *Convênios e outros acordos*. Disponível em: http://www.portaltransparencia.gov.br/convenios.

A importância desse instrumento para a Administração Pública é muito clara, tendo em vista o enorme repasse de recursos públicos realizados por meio da celebração de convênios, como acima demonstrado.

2 A mudança de paradigma nos convênios públicos brasileiros

Quando os primeiros convênios administrativos foram firmados no Brasil, a doutrina da época desenhava o instrumento de uma forma muito clara, que o diferenciava dos contratos.

Os convênios eram a junção de esforços entre os partícipes interessados no desenvolvimento do objeto, não existindo interesses antagônicos, assim como ocorria nos contratos.

Então, tínhamos, por um lado, convênios numa união de esforços, e partes com interesse comum, qual seja, puramente, a realização do objeto do instrumento, sem nenhum interesse ou possibilidade de ganhos monetários.

Por outro lado, figuravam os contratos, figuras diferentes do primeiro, em que o interesse das partes dizia-se antagônico, isto é, uma parte tinha por finalidade a realização do objeto e para isso contratava outrem, cujo interesse era meramente econômico, qual seja lucrar.

Bem, nos últimos anos, vimos a proliferação maciça dos convênios públicos, tendo sido repassadas cifras milionárias às entidades privadas (sem fins lucrativos). Proliferou, também, a quantidade de entidades sem fins lucrativos com interesse em realizar parte das tarefas atreladas ao interesse público.

Pois bem, diante dessa nova perspectiva, como não se falar em interesses dessas entidades? Como firmar esses instrumentos selecionando quem melhor se adeque ao alcance do interesse público? Como permitir o amplo acesso de todas essas entidades aos espaços públicos e às contratações com a Administração Pública?

Ainda podemos desenhar esse instrumento da mesma forma? Prescindir da realização de licitação é possível? Bom, essas e tantas outras perguntas vêm sendo lançadas no dia a dia de quem opera esse instrumento e lida com a gestão da coisa pública.

Hoje sabemos que a Lei nº 13.019 de 2014 e o Decreto nº 8.726 de 2016, quando se trata de repasse da União, determinam a realização de chamamento público para seleção das entidades privadas sem fins lucrativos e de concurso de projetos para a seleção de Oscips. Não é mais possível firmar convênios que envolvam o erário sem licitação, na esfera federal. Nas esferas estaduais e municipais, alguns estados têm legislação que detalha ou prescinda desse procedimento, todavia, em respeito à Lei de Licitações, nº 8.666/93, e sua determinação do art. 116, *caput*:

> Art. 116. Aplicam-se as disposições desta Lei, no que couber, aos convênios, acordos, ajustes e outros instrumentos congêneres celebrados por órgãos e entidades da Administração.[2]

A regra agora é clara. Em virtude do alto número de entidades e em respeito aos princípios constitucionais da Administração Pública, devemos realizar licitação anterior ao firmamento do instrumento ora tratado, e não é possível mantermos o desenho inicial desse instrumento, ao envolver vultuosas somas, em que as partes convergiam seus interesses para o bem comum.

Assim, a atual doutrina não fala mais em união de esforços para o desenvolvimento de um objeto comum, mas consegue delimitar os interesses contrapostos em matéria de convênio.

Ainda, os interessados em contratar ou colaborar com a Administração Pública são muitos, sendo necessário o processo licitatório ou processo que se assemelhe para possibilitar ao administrador da coisa pública a seleção de entidade que seja mais interessante para a Administração, de olho, sempre, no bem público.

Ora, apesar da obrigatoriedade legal de as entidades que conveniam com a Administração Pública não possuírem finalidade lucrativa, não podemos dizer que outros interesses por parte dessas entidades não há.

Nos contratos objeto de licitação, os próprios termos de referência e editais deixam clara essa dualidade de interesses. Nos convênios o que fica claro é o não ganho direto, ou seja, a entidade não passa a ser dona dos valores ali empregados em nenhum momento da execução do convênio, sendo obrigada a empregar os valores repassados pelo concedente nas poupanças e retornar à Administração, na prestação de contas, todos os valores não utilizados no desenvolvimento do objeto, conforme determinação da própria Lei de Licitação em seu art. 116, §§4º, 5º e 6º:

> §4º Os saldos de convênio, enquanto não utilizados, serão obrigatoriamente aplicados em cadernetas de poupança de instituição

---

[2] Lei nº 8.666/93.

financeira oficial se a previsão de seu uso for igual ou superior a um mês, ou em fundo de aplicação financeira de curto prazo ou operação de mercado aberto lastreada em títulos da dívida pública, quando a utilização dos mesmos verificar-se em prazos menores que um mês.

§5º As receitas financeiras auferidas na forma do parágrafo anterior serão obrigatoriamente computadas a crédito do convênio e aplicadas, exclusivamente, no objeto de sua finalidade, devendo constar de demonstrativo específico que integrará as prestações de contas do ajuste.

§6º Quando da conclusão, denúncia, rescisão ou extinção do convênio, acordo ou ajuste, os saldos financeiros remanescentes, inclusive os provenientes das receitas obtidas das aplicações financeiras realizadas, serão devolvidos à entidade ou órgão repassador dos recursos, no prazo improrrogável de 30 (trinta) dias do evento, sob pena da imediata instauração de tomada de contas especial do responsável, providenciada pela autoridade competente do órgão ou entidade titular dos recursos.

3 Convênios administrativos – Recentes mudanças na legislação

A legislação que rege os convênios públicos sofreu diversas mudanças nos últimos anos, por meio de alteração ou revogação de normas. A seguir fazemos uma indicação e explanação dessas alterações.

Em dezembro de 2016, tivemos a edição do Decreto nº 8.943/2016, que alterou o Decreto nº 6.170/2007, e a Portaria Interministerial nº 424, de 30.12.2016, que traziam disposições sobre as transferências de recursos da União, mediante convênios e contratos de repasse, restando revogada, também, a Portaria Interministerial nº 507/MP/MF/CGU, de 24.11.2011.

Partindo para 2017, tivemos a publicação de duas portarias: a Portaria Interministerial nº 277, de 3.10.2017, que altera a Portaria Interministerial nº 424, de 30.12.2016, e a Instrução Normativa nº 2, de 9.10.2017, que a regulamenta, para estabelecer regras e diretrizes de acessibilidade relativas a obras e a serviços de engenharia.

No ano seguinte tivemos, a Portaria TCU nº 122, que dispõe sobre a implantação e a operacionalização do sistema informatizado de tomada de contas especial (Sistema e-TCE), com amparo no §5º do art. 11 da Decisão Normativa – TCU nº 155, de 23.11.2016. A Portaria Interministerial nº 451, de 18.12.2017, alterando a Portaria Interministerial nº 424, de 30.12.2016 e a Portaria Interministerial nº 235, de 23.8.2018, que altera a Portaria Interministerial nº 424, de 30.12.2016, estabelece normas para execução do Decreto nº 6.170, de 25.7.2007.

Já a IN nº 5, de 24.6.2019, dispõe sobre práticas de governança e gestão dos processos dos órgãos e entidades que atuam nas transferências voluntárias de recursos da União.

Em 2.10.2019, o Decreto nº 10.035/2019 oficializa a Plataforma +Brasil.

Com a Plataforma, as informações estarão reunidas de forma totalmente digital, em único local, tanto para os servidores que repassam e gerem os recursos quanto para a sociedade, já que todos os dados são abertos à população.

Essa nova tecnologia permite que qualquer pessoa, inclusive o cidadão, tenha a possibilidade de, por exemplo, fiscalizar as obras, acompanhar a situação, tirar fotos georreferenciadas, além de aplicar inteligência artificial para a análise dos dados, permitindo redução de tempo nas atividades de até 90%.

A partir da assinatura do decreto, todas as transferências que a União realiza para estados, municípios e organizações da sociedade civil, que hoje giram em torno de 29 formas, operando cerca de 380 bilhões por ano, poderão usufruir dessas novas ferramentas.

4 O Projeto de Lei nº 1.292/95

A tão falada nova Lei de Licitação, no caso em comento, o Projeto de Lei nº 1.292/95, traz alguma alteração ao cenário dos convênios?
Este é mais um questionamento que muitos vêm se fazendo. Na prática, temos as mesmas vinculações que a Lei de Licitações, nº 8.666/93, faz aos convênios públicos.

As determinações contidas para os contratos, acordos, repasses e demais instrumentos presentes no ordenamento jurídico e normatizados pela Lei de Licitação nova serão aplicadas aos convênios.

Essa máxima está descrita no PL nº 1.292/95 em seu art. 184:

> Art. 184. Aplicam-se as disposições desta Lei, no que couber e na ausência de norma específica, aos convênios, acordos, ajustes e outros instrumentos congêneres celebrados por órgãos e entidades da Administração Pública, na forma estabelecida em regulamento do Poder Executivo federal.[3]

---

[3] BRASIL. *Projeto de Lei nº 1292/1995*. Disponível em: http://www.novaleilicitacao.com.br/wp-content/uploads/2019/11/Projeto-Nova-Lei-de-Licitacao.pdf. Acesso em: 8 jun. 2020.

5 Conclusão

A última década trouxe muitas mudanças a esse instrumento largamente utilizado na gestão da coisa pública, e podemos facilmente observar que a forma continua a mesma, inclusive na nova Lei de Licitações.

Todavia, o funcionamento e o papel dos agentes e personagens envolvidos sofreram significativas mudanças de interpretação e sofrerão novas alterações com a dinâmica imposta pela nova Lei de Licitações.

É inegável a importância desse instrumento para a Administração Pública, como vimos acima, levando-se em consideração o enorme repasse de recursos públicos realizado por meio da celebração de convênios, ano após ano, motivo pelo qual nos movemos a estudar a legislação pertinente ao tema e suas alterações.

Referências

BRASIL. *Decreto nº 10.035/2019, oficializa a Plataforma +Brasil.*

BRASIL. *Decreto nº 8.943/2016, que alterou o Decreto nº 6.170/2007.*

BRASIL. *Instrução Normativa nº 2, de 9 de outubro de 2017.*

BRASIL. *Instrução Normativa nº 5, de 24 de junho de 2019.*

BRASIL. Portal da Transparência. *Convênios e outros acordos.* Disponível em: http://www.portaltransparencia.gov.br/convenios.

BRASIL. *Portaria Interministerial nº 235, de 23 de agosto de 2018.*

BRASIL. *Portaria Interministerial nº 277, de 03 de outubro de 2017.*

BRASIL. *Portaria Interministerial nº 424, de 30 de dezembro de 2016.*

BRASIL. *Portaria Interministerial nº 451, de 18 de dezembro de 2017.*

BRASIL. *Portaria Tribunal de Contas da União nº 122.*

BRASIL. *Projeto de Lei nº 1292/1995.* Disponível em: http://www.novaleilicitacao.com.br/wp-content/uploads/2019/11/Projeto-Nova-Lei-de-Licitacao.pdf. Acesso em: 8 jun. 2020.

Informação bibliográfica deste texto, conforme a NBR 6023:2018 da Associação Brasileira de Normas Técnicas (ABNT):

CAVALCANTI, Juliana Tôrres de Vasconcelos Bezerra. Os convênios públicos no Brasil: particularidades, novo paradigma e o Projeto de Lei nº 1.292/1995. *In*: CAVALCANTI, Juliana Tôrres de Vasconcelos Bezerra (Coord.). *Direito Administrativo*: temas atuais e relevantes. Belo Horizonte: Fórum, 2021. p. 95-101. ISBN 978-65-5518-179-1.

O INSTITUTO DA RELICITAÇÃO NOS CONTRATOS DE CONCESSÕES DO PROGRAMA DE PARCERIA DE INVESTIMENTOS: VALORIZAÇÃO DA PARCERIA NO SETOR DE INFRAESTRUTURA BRASILEIRO

DÉBORA BARBOSA DA COSTA PEREIRA

1 Considerações iniciais sobre o instituto da relicitação

Em junho de 2017, entrou em vigor a Lei nº 13.448/2017, trazendo diretrizes gerais sobre a prorrogação e a relicitação dos contratos de parceria nos setores rodoviário, ferroviário e aeroportuário da Administração Pública federal, referentes ao Programa de Parcerias de Investimentos (PPI), este criado pela Lei nº 13.334/2016.

O PPI, como esclarece a legislação, é destinado à ampliação e fortalecimento da interação entre o Estado e a iniciativa privada por meio da celebração de contratos de parceria para a execução de empreendimentos públicos de infraestrutura e de outras medidas de desestatização, ampliando e solidificando a relação entre o ente federativo e a iniciativa privada. São somente aos contratos desse tipo que a relicitação é, atualmente, possível.

A lei definiu a relicitação como "procedimento que compreende a extinção amigável do contrato de parceria e a celebração de novo ajuste negocial para o empreendimento, em novas condições contratuais e com novos contratados, mediante licitação promovida para esse fim"[1].

---

[1] Art. 4º, III (BRASIL. *Lei nº 13.448, de 5 de junho de 2017*. Disponível em: http://www.planalto.gov.br/ccivil_03/_ato2015-2018/2017/lei/l13448.htm. Acesso em: 19 jun. 2020).

Tanto a relicitação quanto a prorrogação (que pode ser contratual ou antecipada) necessitam do comum acordo entre as partes; todavia, na prorrogação existe um sucesso da parceria a ponto de sua vigência ser estendida, enquanto na relicitação o que ocorre é o insucesso da parceria celebrada.

Diante de tal insucesso, a relicitação vem para assegurar a continuidade da prestação dos serviços, vez que a pessoa jurídica de direito privado contratada não mais atende – ou demonstra incapacidade de atender – às obrigações contratuais ou financeiras assumidas originalmente.

O Decreto nº 9.957/2019 regulamentou o procedimento para a relicitação, e apresentou como diretrizes, em seu art. 2º, "I - continuidade, regularidade e eficiência na prestação dos serviços contratados aos usuários; e II - transparência, necessidade e adequação das decisões dos órgãos e das entidades competentes".[2]

É, reitere-se, um acordo entre as partes, para benefício de ambos, de forma que ocorre, de fato, uma extinção amigável do contrato de parceria, para, em seguida, ser celebrado um novo contrato com empresa diversa para dar continuidade com nova parceria.

2 Surgimento por medida provisória e contexto da relicitação

O instituto da relicitação surgiu no ordenamento jurídico em novembro de 2016, através da Medida Provisória nº 752/2016. Ainda que o art. 62 da Constituição Federal possibilite que Presidente da República edite medidas provisórias em caso de relevância e urgência, com força de lei, deixa bastante limitada sua durabilidade de vigência, restrita a sessenta dias prorrogáveis por igual período. No caso em apreço, a MP foi convertida em lei apenas em junho do ano seguinte.

Essa atribuição do chefe do Executivo serve como meio de solução de crise, mormente em momentos de grave e continuada crise econômica. A MP nº 752/2016 poderia ter sua matéria veiculada originalmente através de lei ordinária, no entanto, tinha como objetivo, conforme consta de sua exposição de motivos, reparar problemas e desafios históricos em importantes setores de infraestrutura, buscando viabilizar a realização imediata de novos investimentos em projetos de

---

[2] BRASIL. *Lei nº 9.957, de 6 de agosto de 2019.* Disponível em: http://www.planalto.gov.br/ccivil_03/_Ato2019-2022/2019/Decreto/D9957.htm. Acesso em: 19 jun. 2020.

parceria e sanear contratos de concessão então vigentes para os quais a continuidade da exploração do serviço pelos respectivos concessionários se mostrava inviável. A MP visava à retomada do crescimento econômico no Brasil, com a efetiva ampliação do investimento em infraestrutura, reaquecendo o setor de forma muito rápida, resolvendo entraves logísticos, e buscando possibilidades de alteração contratual das concessões públicas.

A MP nº 752/2016 trouxe, assim como a lei que a sucedeu, previsões sobre prorrogação e relicitação. Com relação à segunda, justificou tratar-se de alternativa inovadora de "devolução coordenada e negociada" da concessão, evitando-se o processo de caducidade, muitas vezes moroso e com longa disputa judicial, em que, normalmente, os usuários da concessão são os principais penalizados pela má prestação do serviço até a conclusão do processo.

E, de fato, pode-se afirmar que tal instituto trouxe benefícios, para os contratos por ele abarcados, especialmente, quando comparado com a caducidade (consequência da inexecução total ou parcial do contrato com penalidade, *vide* art. 38 da Lei nº 8.987/1995), uma vez que esta é uma sanção sofrida pelo concessionário quando ele não consegue cumprir suas obrigações contratuais, costumando ser grave para qualquer empresa – inclusive, podendo ocasionar impedimento de contratar com o Poder Público por determinado período de tempo.

Dessa forma, a relicitação é o meio mais viável para as concessionárias que sintam determinada dificuldade em continuar com o contrato e optem, desde que cumpridos os requisitos, por não prestar mais aquele serviço. Importante relembrar que essa modalidade só se aplica às empresas que participam do Programa de Parceria de Investimento (PPI) no âmbito federal, mais precisamente para os contratos rodoviários, ferroviários e aeroportuários.

O contexto da edição da MP nº 752/2016, que fez nascer a relicitação originária, foi em um período de recessão financeira iniciado em 2014, com crescimento de inflação e desemprego, queda do PIB, desvalorização de ações, dificuldades no setor de infraestrutura e escândalos de corrupção. É uma decorrência do PPI iniciado pelo Governo Temer, após o *impeachment* de Dilma Rousseff ocorrido em agosto de 2016, visando à retomada da economia ao trazer soluções para concessões de empreendimentos que passavam por tribulações.

A relicitação surge como medida corretiva dos contratos de concessão em andamento (do PPI), de modo a salvaguardar as concessionárias e o Poder Público, como reflexo da recessão financeira. Durante as discussões em audiências públicas, foram levantadas como vantagens para o concessionário a suspensão de eventual caducidade e a possibilidade de recebimento da indenização pelo novo contratado, e não por precatório. Ao Poder Público concedente, justificam-se os benefícios da garantia da continuidade dos serviços, do impedimento de possível recuperação judicial do concessionário, além da possibilidade de se corrigirem equívocos nas licitações e condições contratuais assumidas.

No entanto, apesar de toda justificativa de urgência, a regulamentação só veio a existir em agosto de 2019, com o Decreto nº 9.957/2019, como será pormenorizado mais a diante. Até então, a relicitação permanecia inexequível, o que pode ser considerado suficiente para afastar tamanha urgência que motivasse uma MP.

De todo modo, considerando que a má qualidade da infraestrutura do Brasil aparece como segundo maior problema para as empresas que atuam em solo nacional, ficando à frente até mesmo de questões como a carga tributária, e que os incentivos aos investimentos em infraestrutura brasileira estão bastante inferiores à sua real capacidade se considerarmos a força econômica do país, a busca por melhores resoluções merece ser acolhida com esperançosa abertura.[3]

3 Estímulo à resolução de conflitos por meios alternativos

Conforme dados divulgados pelo Conselho Nacional de Justiça (CNJ), a Administração Pública brasileira é a parte que possui o maior número de processos judiciais em andamento. Assim, mostra-se extremamente benéfica a utilização de meios alternativos, tal qual a relicitação, para promover a solução de questões envolvendo a Administração.[4]

Como já exposto, a relicitação é uma solução amigável para a extinção de um contrato de parceria entre um particular e o Poder Público. Dessa forma, é fácil perceber que o instrumento da relicitação é vantajoso tanto para administração quanto para o particular, no sentido de que, por esta modalidade, ambos se eximem de passar por desgastes no âmbito judicial, envolvendo todos os fundamentos legais como

---

[3] PINHEIRO, Armando Castelar. Momento de definição na infraestrutura brasileira. 2013. *In*: OLIVEIRA, Gesner; OLIVEIRA FILHO, Chysostomo de (Org.). *Parcerias público-privadas*: experiências, desafios e propostas. Rio de Janeiro: LTC, 2013. p. 104.

[4] DIAS, Maria Tereza Fonseca. A mediação na Administração Pública e os novos caminhos para a solução de problemas e controvérsias no setor público. *Direito do Estado*, n. 151, 2016. Disponível em: http://www.direitodoestado.com.br/colunistas/maria-tereza-fonseca-dias/a-mediacao-na-administracao-publica-e-os-novos-caminhos-para-a-solucao-de-problemas-e-controversias-no-setor-publico. Acesso em: 20 jun. 2020.

ampla defesa e contraditório, para ver o contratado prestar o serviço acordado ou ter o contrato extinto por caducidade, o que, inclusive, acarretaria sanções e penalidades.

O fato de buscar essa resolução em que cada parte cede de um lado buscando mútuo benefício tem sido cada vez mais encorajada no ordenamento jurídico brasileiro, visando não só desafogar o Judiciário e reduzir custos, como também trazer o sentido de que um contrato não é formado de lados opostos, mas de verdadeiras parcerias.

Também em forte atenção ao sistema multiportas, tem-se a implementação da possibilidade de submissão dos contratos à arbitragem para recomposição do equilíbrio econômico-financeiro.

O art. 15, da Lei nº 13.448/2017, em seu inc. III, traz como elemento obrigatório ao termo aditivo o compromisso arbitral entre as partes com previsão de submissão – à arbitragem ou a outro mecanismo privado de resolução de conflitos admitido na legislação aplicável – das questões que envolvam o cálculo das indenizações pelo órgão ou pela entidade competente, relativamente à prorrogação e à relicitação.

Relevante reconhecer a valorização explícita da arbitragem nos regramentos do instituto em ponto de tanta importância prática no processo relicitatório, que é o referente às indenizações.

Isso vem corroborado pelo Decreto nº 9.957/2019, em seu art. 8º, inc. IV, o qual determina "a adoção da arbitragem ou de mecanismos privados de resolução de conflitos das questões que envolvam o cálculo das indenizações e a apuração de haveres e deveres eventualmente relacionados à extinção do contrato de parceria".

Neste caso há, ainda, a abertura para a previsão da arbitragem ou outro mecanismo privado na resolução de outros pontos eventualmente existentes, mesmo que não previstos na regulamentação.

Sem prejuízo do regramento específico tocante às indenizações, a legislação pôs-se a ampliar o leque em dispositivo posterior, qual seja o art. 31, o qual reza pela seguinte normativa:

Art. 31. As controvérsias surgidas em decorrência dos contratos nos setores de que trata esta Lei após decisão definitiva da autoridade competente, no que se refere aos direitos patrimoniais disponíveis, podem ser submetidas a arbitragem ou a outros mecanismos alternativos de solução de controvérsias.

§1º Os contratos que não tenham cláusula arbitral, inclusive aqueles em vigor, poderão ser aditados a fim de se adequar ao disposto no caput deste artigo.

§2º As custas e despesas relativas ao procedimento arbitral, quando instaurado, serão antecipadas pelo parceiro privado e, quando for o caso, serão restituídas conforme posterior deliberação final em instância arbitral.

§3º A arbitragem será realizada no Brasil e em língua portuguesa.

§4º Consideram-se controvérsias sobre direitos patrimoniais disponíveis, para fins desta Lei:

I - as questões relacionadas à recomposição do equilíbrio econômico-financeiro dos contratos;

II - o cálculo de indenizações decorrentes de extinção ou de transferência do contrato de concessão; e

III - o inadimplemento de obrigações contratuais por qualquer das partes.

§5º Ato do Poder Executivo regulamentará o credenciamento de câmaras arbitrais para os fins desta Lei.

A iniciativa pública foi recepcionada com louvor pelo mercado privado, apesar de não serem dispensadas críticas sobre alguns pontos. Entre eles, está o referente à antecipação de custas pelo parceiro privado, pois tenderia a criar um ambiente de desigualdade entre as partes. Previsões dessa natureza, que também são encontradas em alguns contratos, refletem uma contingência de planejamento do setor público, dado que, em geral, as entidades governamentais não provisionam em seu orçamento uma rubrica própria para o pagamento de despesas com eventual arbitragem. Com a maturidade no uso dos instrumentos privados de solução de disputas pelo setor público, acredita-se que o adimplemento das despesas procedimentais poderá assumir uma disciplina mais equânime.[5]

Como se vê, a Administração Pública busca firmemente afastar-se da dependência dos gabinetes judiciais para ter suas questões contratuais resolvidas.

Assim, a utilização do procedimento da relicitação evita longos e desgastantes impasses administrativos e/ou judiciais tanto ao particular contratado, quanto ao Poder Público, configurando um excelente estímulo à resolução de conflitos envolvendo o Estado por meios alternativos à prestação judicial.

---

[5] JUNQUEIRA, André Rodrigues. Nova Lei das Concessões – A previsão de arbitragem na Lei federal nº 13.448/2017. *CBAr*. Disponível em: http://cbar.org.br/site/nova-lei-das-concessoes-a-previsao-de-arbitragem-na-lei-federal-n-13-4482017/. Acesso em: 20 jun. 2020.

4 A denominação e o uso do termo "relicitação"

A nomenclatura adotada para nomear o instituto ora apresentado é alvo de diversas críticas. Tudo gira em torno de uma questão de comunicação, do que um leigo no assunto, ao escutar a palavra, entenderia, antes mesmo de saber o conceito atual do significante "relicitação" no Brasil.

O instituto, como já se sabe, trata da extinção do contrato de concessão por meio consensual, com um acordo, desonerando o concessionário de eventuais penalidades, de forma a tentar prover uma solução consensual, e que talvez seja a melhor até para o poder público concedente.

Não se trata, assim, de relicitar, no sentido do instinto interpretativo, promovido pelo prefixo "re" (que traz a ideia de novamente, mais uma vez), que faz pensar no significado de licitar novamente, pura e simplesmente. Ora, se há um contrato de concessão que não é cumprido e vai ser extinto, o Poder Público concedente pode promover outra licitação na hora que quiser, não precisaria dessa nova lei para isso.

Assim, o primeiro pensamento provocado pelo termo difere do real significado da palavra, a qual é instrumento para o novo instituto do direito administrativo.

Pode-se pensar, criticamente, que a escolha do nome talvez tenha passado por uma questão mercadológica.

Veja-se que existe, com o surgimento da relicitação, uma mudança de lógica e paradigma, visto que, nos contratos da Lei nº 8.666/1993, seria, antes, inconcebível um rompimento contratual por interesse do particular, na medida em que ele descumpre sua obrigação e que, com isso, ficaria livre de eventuais sanções.

A Lei nº 13.448/2017, ao trazer essa possibilidade, muda toda uma lógica administrativa. Ela fala, sim, de uma nova licitação, mas não somente, não se cuida apenas de fazer mais uma licitação para que alguém venha a assumir a obrigação, cuida-se de combinar um contrato anterior com um contrato futuro. A premissa para a relicitação é que a pessoa jurídica privada não descumpriu seus compromissos por vontade própria, mas foi levada a descumprir o contrato por um contexto.

É, portanto, a admissão legal de que o contexto conduziu ao descumprimento e que surge um novo paradigma, versado sobre a contratualização da função administrativa. É isso, na verdade, que a palavra *relicitação* quer nos convidar.

Para muitas pessoas, a questão do termo adotado é completamente irrelevante, porque as palavras têm o conteúdo que as pessoas querem que elas tenham. Assim, só importaria o que de fato o nome significa e a sua aplicabilidade.

Realmente, o nome escolhido não é de tanta importância, mas não pode passar sem críticas. Isso porque a comunicação pode ser vista, também, como uma questão de *marketing*.

Pense-se que, honestamente, do que se está falando é, em princípio, do fracasso de uma concessão. A Administração Pública, que celebrou o contrato de concessão que não deu certo, busca solucionar o problema e resolve por dar a situação um nome positivo, chamando o novo instituto de "relicitação".

Os críticos mais perspicazes defendem que, assim, o nome seria um verdadeiro embuste. O raciocínio é que se está diante do fracasso de um modelo de concessão e que foi encontrado um nome mais positivo, mais "bonitinho", para chamá-lo e, então, expor para a coletividade, para a sociedade, de forma mais leve e sutil.

Nesse sentido, seria um embuste, visto que o âmago nunca foi *relicitar*, mas sim resolver um contrato que não deu certo, de forma menos impactante.

A discussão, entretanto, restringe-se à seara doutrinária, e não chega a buscar invalidar o termo utilizado, apenas discutir e refletir sobre os reais contextos de criação do instituto batizado, querendo-se ou não, como relicitação.

5 Procedimento da relicitação

Como pontuado alhures, o instituto da relicitação, apesar de vigente por lei desde 2017, só foi efetivamente possível em agosto de 2019, com o Decreto nº 9.957/2019, que apresentou o procedimento a ser seguido com maior especificidade. Antes disso, a Lei nº 13.448/2017 permanecia desamparada, pois em seu art. 14 ela previa que os termos e prazos seriam definidos em ato do Poder Executivo.

Era necessária a edição desse regramento específico e voltado à prática do processo para que a relicitação pudesse encontrar vida além das letras dos normativos. Existente, portanto, a previsão procedimental, a relicitação ocorre, grosso modo, em três grandes etapas, pode-se dizer: qualificação, celebração de termo aditivo com contratado atual e celebração de futuro contrato.

Em todas as etapas, cabe ou à agência reguladora ou ao Ministério da Infraestrutura adotar as medidas necessárias à realização da relicitação do empreendimento qualificado. Nesse ínterim, a agência reguladora deve contratar empresa de auditoria independente para acompanhar o processo de relicitação do contrato de parceria, e os cumprimentos das obrigações que o envolvem. O CPPI também pode receber o apoio de comitês técnicos, constituídos por ele mesmo, para auxiliá-lo no exercício de suas competências, seguindo as balizas do art. 7º do Decreto nº 10.245/2020.

É interessante notar que, por ser instituto bastante recente no ordenamento jurídico brasileiro, ainda há poucos casos práticos com processos abertos para sua utilização. Dessa maneira, o procedimento tem sido baseado estritamente nos termos legais literais, no sentido de não haver – ainda – relevantes discussões doutrinárias e jurisprudenciais em torno de suas possíveis interpretações, eventualmente movidas por situações concretas imprevisíveis ao poder normativo.

5.1 Qualificação

O processo de relicitação, via de regra, deve ser instaurado pela empresa concessionária, que formula o requerimento à agência reguladora competente, expressando sua intenção justificadamente, incluindo, inclusive, a renúncia quanto à participação em novos contratos de parceria que versem sobre o mesmo objeto do contrato a ser relicitado. Essa renúncia abarca não somente a empresa enquanto pessoa jurídica, como também os seus acionistas, sejam eles diretos sejam indiretos.

O requerimento deve ser acompanhado não só de informações detalhadas sobre diversos aspectos da situação, como também de proposta da concessionária para a manutenção dos serviços durante o processo relicitatório. Ele deve, então, ser processado e analisado preliminarmente pela agência reguladora competente, a qual se manifestará sobre a viabilidade técnica e jurídica do pedido.

Em seguida, há a previsão de que o processo seja remetido ao Ministério da Infraestrutura, o qual também deve fazer sua manifestação, agora sobre a compatibilidade do requerimento de relicitação com o escopo da política pública formulada para o setor correspondente.

Somente após essas duas manifestações é que o processo deve ser submetido à deliberação do Conselho do Programa de Parcerias de Investimentos da Presidência da República (CPPI). Esse Conselho é o órgão colegiado, criado pela Lei nº 13.334/2016 (que instituiu o PPI), que avalia e recomenda ao Presidente da República os projetos que integrarão o programa, e que decide sobre temas relacionados à execução dos contratos de parceria e desestatizações.[6] Ele deve opinar no que tange à conveniência e à oportunidade da relicitação e sobre a qualificação do empreendimento no PPI, previamente à deliberação do presidente da República, com sanção feita por decreto.

Todas essas manifestações fazem parte do procedimento de qualificação. Destaque-se que somente após a qualificação é que devem ser sobrestadas as medidas destinadas a instaurar ou a dar seguimento a processos de caducidade eventualmente em curso contra o contratado. Isso evita que o contratado faça requerimento de relicitação com a finalidade de protelar o processo de caducidade, e o estimula a ter a iniciativa de formular seu requerimento quando observadas as condições, antes mesmo de ter o ônus de ter sobre si um processo de caducidade.

Esse processo de caducidade pode ser retomado (caso em curso e sobrestado) ou instaurado (caso não exista antes da qualificação) se for identificada pelo CPPI a desqualificação do empreendimento, o que deve estar previsto no termo aditivo.

Outra situação, que permite a instauração ou revogação do sobrestamento do processo de caducidade, é quando, na hipótese de não aparecerem novos interessados em assumir o empreendimento, esse quadro de desinteresse de potenciais licitantes persistir ou não for concluído o processo de relicitação no período de 24 (vinte e quatro) meses. O prazo é contado da qualificação e pode ser justificadamente prorrogado mediante deliberação do CPPI. Lembre-se de que durante esse tempo o contratado tem que dar continuidade à prestação do serviço público, como deve ser até a assinatura do novo contrato de parceria, de forma a garantir, em qualquer caso, a continuidade e a segurança dos serviços essenciais relacionados ao empreendimento.

5.2 Termo aditivo

Para a celebração do termo aditivo, são resolvidas as condições para o período em que o contratado permanecer prestando os serviços continuamente até o início da vigência do novo contrato de parceria. O termo deve, obrigatoriamente, incluir uma série de cláusulas estipuladas pela lei e pelo decreto que regulam a licitação.

---

[6] OLIVEIRA NETTO, Pedro Dias de. *As parcerias público-privadas e os novos desafios do setor de infraestrutura*: crise econômica, ajuste fiscal, reequilíbrio contratual e perspectivas para o futuro. Rio de Janeiro: Lumen Juris, 2018. p. 111.

Nessa fase, espera-se que seja de interesse do contratado que o andamento seja célere, pois é da data da celebração do termo aditivo que ele fica desobrigado de seus compromissos de investimento vincendos – isto é, com relação àqueles que não tenham sido considerados essenciais à continuidade e segurança dos serviços.

É no termo aditivo que se encontram, à título de exemplo, as condições da transição operacional e obrigacional para o futuro contratado; o compromisso do contratado de não estar ou vir a estar em recuperação judicial, extrajudicial ou falência; e as sanções pelo descumprimento das obrigações firmadas no próprio termo aditivo podendo, de acordo com a reiteração e gravidade da infração, ensejar a desqualificação do empreendimento.

5.3 Futuro contrato

Com a elaboração e celebração do termo aditivo, pode-se seguir para celebração do novo contrato. Até lá, o processo segue os mesmos trâmites preparatórios para celebração de uma nova parceria, inclusive quanto à necessidade de aprovação de novo plano de outorga e aos requisitos previstos na legislação.

Um ponto importante é o que diz respeito às indenizações que o novo contratado eventualmente pagará ao atual contratado. O edital de relicitação e a minuta do futuro contrato de parceria devem conter essa previsão nos limites previstos no termo aditivo. Podem constar, também, os valores correspondentes às indenizações eventualmente devidas aos financiadores e garantidores do contratado anterior, igualmente disciplinados no termo aditivo.

O que ocorre é que o futuro contratado deve pagar as indenizações referentes a bens reversíveis não amortizados ou depreciados eventualmente devidas pelo poder concedente ao contratado original.

Devem ser, contudo, descontados alguns valores, como prevê o diploma legal, tais quais multas e outras somas de natureza não tributária devidas pelo contratado; outorgas devidas e não pagas; e valores excedentes da receita tarifária auferida pelo contratado originário, vez que suas obrigações de investimentos não essenciais ficaram suspensas a partir da celebração do termo aditivo.

O pagamento das indenizações é condicionante para o início do novo contrato de parceria, ainda que possa haver o pagamento posterior de outros valores que estejam sendo apurados – por via arbitral, judicial ou de outro meio de resolução de conflitos.

De outro giro, é cabível mencionar, ainda que brevemente, a necessidade de estudo técnico preciso, claro e suficiente para subsidiar a relicitação, com o objetivo de assegurar sua viabilidade econômico-financeira e operacional. Ele tem forte serventia nas amarrações de planejamento, como cronograma de investimentos previstos, estimativas de custos, de demanda, diretrizes ambientais, entre outros pontos que precisam ser definidos antes da assinatura de novo contrato.

Os estudos devem, então, ser submetidos à consulta pública, esta que tem requisitos de divulgação legalmente previstos, com o prazo mínimo de 45 (quarenta e cinco) dias para recebimento de sugestões. Uma vez encerrada a consulta pública, os estudos devem, ainda, ser encaminhados ao Tribunal de Contas da União.

A celebração do futuro contrato, assim, merece o título de celebração, pois é a foz de um longo e sinuoso caminho por onde o processo relicitatório precisa fluir. Os pormenores são extensos, mas, ainda assim, o instituto da relicitação veio como promissora alternativa oferecida ao setor de infraestrutura brasileiro.

6 Possíveis riscos ao modelo relicitatório

Pelo instituto da relicitação, não cabe ao poder estatal concedente qualquer espécie de responsabilidade com relação a encargos, ônus, obrigações ou compromissos com terceiros ou com empregados do contratado, originário ou futuro. Toda pendência dessa natureza deve ser dirimida entre os contratados, afinal foi o contratado originário que não foi apto a cumprir as obrigações assumidas no contrato de parceria, e é o contratado futuro que tem interesse em assumir o seu lugar.

Tal condição quase de moderador, nesse sentido, poupa demais o Estado concedente do ônus de ter que buscar do contratado inadimplente a responsabilização pelas consequências de seu descumprimento contratual, o que muitas vezes passa por longos litígios judiciais. Os críticos mais sagazes refletem se o Estado não estaria, em termos populares, "jogando a batata quente" para o outro, particular, ou se essa seria realmente uma solução inovadora que só traz benefícios, merecendo ponderação também o olhar do ponto de vista da nova contratada.

Ainda com relação ao balanço financeiro estatal, os custos da nova contratação dentro da relicitação não chegam a fazer o instituto deixar de valer a pena, porque de toda forma o Estado passaria por novo processo licitatório após um processo de caducidade, por exemplo. Só isso já compensa a dispensa de sanções monetárias para o contratado, que seriam recebidas pelo poder estatal, por ser forte estímulo para que o concessionário busque aderir à relicitação e assim permaneça o que de fato é de interesse público: a prestação dos serviços.

Desta senda, à primeira vista, o instituto da relicitação é vantajoso ao particular, tendo em vista que, por este procedimento, o particular contratado, que não conseguiu ver quitadas as obrigações contratuais por ele assumidas, tem o contrato extinto de forma amigável, com consequências mais amenas – como a vedação à participação em licitação especificamente relacionada àquele projeto, por exemplo, mas sem impedimento de licitar e contratar em outras situações, nem sendo declarada inidônea.

Na outra extremidade da relação jurídica, o instituto mostra-se vantajoso à Administração Pública, na medida em que, por meio da relicitação, não ocorre a assunção dos serviços pelo Poder Público, mas a realização de novo procedimento para concessão das atividades a novo particular dotado, espera-se, das condições técnicas e econômico-financeiras necessárias à tomada dos serviços e à sua prestação nos moldes esperados pelo concedente e, principalmente, pelos usuários.

Outrossim, a relicitação possui, inerente a si, determinados riscos que não podem deixar de ser analisados. Neste sentido, discute-se, em primeiro, se não se estaria conferindo à Administração a possibilidade de adotar esse procedimento como o usual, habituando-a, por meio da relicitação, a transferir de um particular a outro as responsabilidades do serviço público, de forma tal que se furtaria às suas obrigações mesmo naqueles casos em que, em um primeiro momento, a sua intervenção pode se mostrar necessária para o alcance da regularidade na prestação dos serviços.

Ademais, pela perspectiva do novo contratado, há que se reconhecer, em primeiro, que os parâmetros do contratado para compreensão da situação daquele projeto e dos riscos que irá assumir podem acabar, na prática, restritos às informações fornecidas pela própria Administração Pública acerca do projeto, o que não é suficiente para a estipulação da relação entre custos e receitas. Lembre-se, inclusive, de que, infelizmente, existe o risco de que interesses políticos e financeiros acabem por permear a conduta do agente público e se sobrepor aos interesses públicos, o que, nestes casos, poderia resultar na transferência de ônus ao particular que seriam, na verdade, da Administração.

Nesse sentido, esclareça-se ser recorrente a constatação dos profissionais atuantes no setor da infraestrutura, bem como de pesquisadores nacionais e estrangeiros, com pesar, de que o planejamento e a coordenação da seleção dos projetos de infraestrutura são incompletos, limitados, e grande parte dos gestores públicos almeja apenas os ganhos políticos perante a opinião social.[7]

Há que se levar em consideração, também, o fato de, por muitas vezes, projetos de infraestrutura mostrarem-se inexequíveis nos moldes inicialmente licitados, o que, no caso da relicitação, deve ser cautelosamente analisado tanto pela Administração quanto pelo particular, provocando a devida correção do que se mostrar necessário para alcançar o efetivo equilíbrio econômico-financeiro naquela relação contratual.

Destarte, em se tratando de um empreendimento já em andamento e inacabado, como é o caso dos objetos de relicitações, os riscos ao futuro contratado tendem a ser maiores também em razão das eventuais falhas já caracterizadas na execução do projeto anterior, cometidas pelo primeiro contratado. Se, por alguma razão, tais falhas e suas possíveis consequências não forem estudadas e identificadas antes da extinção do contrato e da transferência das obrigações para o segundo particular, o segundo contratado poderá ser surpreendido com futuros ônus inerentes às mencionadas falhas de execução, restando sujeito, ainda, a ser responsabilizado e/ou penalizado por parte da Administração Pública.

É necessário, portanto, que o estudo técnico do empreendimento inacabado seja realizado de forma extremamente cuidadosa, o que pode vir a ser atrapalhado, inclusive, pelo prazo para encerramento da relicitação, pela própria urgência de determinadas situações e pela necessidade imediata de efetuar-se a nova contratação, a qual, espera-se, venha a conduzir o projeto de forma adequada. Somente com cautela é que será possível o alcance de uma alocação mais precisa dos riscos cabíveis ao novo contratado ou à Administração, que deverão ser detalhadamente registrados na documentação relativa ao procedimento da relicitação e, claro, no futuro instrumento contratual.

Assim como na licitação, é necessário que a relicitação seja conduzida mediante a devida análise do estudo técnico da situação do projeto, bem como das condições necessárias para a sua continuidade nos moldes adequados. Ainda assim, a própria inexatidão das projeções técnicas, a mencionada insuficiência destes estudos técnicos que devem compor o procedimento, ou, ainda, a sobreposição de interesses e a eventual atribuição ao particular, por ato de má-fé, de ônus que não lhes são cabíveis, podem acometer graves inconsistências na alocação dos riscos contratuais.

---

[7] OLIVEIRA NETTO, Pedro Dias de. *As parcerias público-privadas e os novos desafios do setor de infraestrutura*: crise econômica, ajuste fiscal, reequilíbrio contratual e perspectivas para o futuro. Rio de Janeiro: Lumen Juris, 2018. p. 31.

Pontua-se, portanto, que a principal das consequências de eventuais equívocos na análise técnica do projeto e na alocação dos riscos será, para além do prejuízo financeiro acarretado ao novo contratado – que, em se falando de serviços de infraestrutura, quase sempre será de grandes proporções –, o comprometimento do próprio empreendimento, que restará postergado pelo procedimento e sujeito à possibilidade de restar inacabado ou mal executado justamente pelas inconsistências quando do estabelecimento das condições para sua execução.

7 Casuística inicial da relicitação

Vigente a relicitação, válido trazer seus primeiros passos sólidos. Inicialmente, diga-se que a Procuradoria-Geral da República, durante a gestão de Raquel Dodge, em agosto de 2019, protocolou ação ao Supremo Tribunal Federal (STF) questionando a legalidade da Lei da Relicitação (Lei nº 13.448/2017); entretanto, em fevereiro de 2020, já na gestão de Augusto Aras, foi pedida a rejeição do processo. Segundo o procurador-geral, o Ministério Público Federal fez um acordo com o Governo Federal para acompanhar todas as obras de infraestrutura a fim de evitar fraudes, de forma que a lei permanece pacificamente mantida.[8]

Com relação aos casos concretos, estes não demoraram a aparecer após as concessionárias vislumbrarem a possibilidade de relicitar. Desde 2015 que os contratos de concessão federais de aeroportos e rodovias celebrados entre 2012 e 2014 passaram a se deteriorar, por diversas razões, tais quais os impactos da crise econômica sobre as concessões de serviço público ou os erros estruturais de modelagem dos contratos.[9]

Na área de concessões aeroportuárias, a Concessionária do Aeroporto de Viracopos (a Aeroportos Brasil) sentiu agravarem-se os efeitos da crise, até que, em julho de 2017, manifestou seu interesse na relicitação. O contrato de concessão havia sido firmado em 2012 e expiraria, originalmente, somente em 2042.

Apesar de ter sido eleito, por treze vezes, o melhor aeroporto do Brasil em pesquisa do Governo Federal realizada com passageiros e de ter tido o Terminal de Carga de Viracopos eleito, em 2018, como o

---

[8] RICHTER, André. STF nega suspender lei de relicitação de ferrovias. *Agência Brasil*, 20 fev. 2020. Disponível em: https://agenciabrasil.ebc.com.br/justica/noticia/2020-02/stf-nega-suspender-lei-de-relicitacao-de-ferrovias. Acesso em: 21 jun. 2020.

[9] RIBEIRO, Maurício Portugal. A relicitação do Aeroporto de Viracopos e o Poder Judiciário. *Portal da Infra*, 15 maio 2018. Disponível em: https://www.agenciainfra.com/blog/a-relicitacao-do-aeroporto-de-viracopos-e-o-poder-judiciario/#_ftn2. Acesso em: 21 jun. 2020.

melhor do mundo na categoria até 400 mil toneladas/ano,[10] Viracopos somou dívidas de cerca de R$2,88 bilhões com a crise. A concessionária justificou ter sido muito afetada, também, por relutância da procuradoria da Agência Nacional de Aviação Civil (Anac) em reconhecer os desequilíbrios financeiros decorrentes de quebras contratuais por parte do Governo Federal, como descumprimento de compromisso de desapropriação de áreas do entorno do empreendimento.[11]

Acontece que o pleito de relicitação foi feito logo depois de publicada a lei, sem que existisse, ainda, a publicação do decreto regulamentador, este que, como já explicado, demorou anos para ser publicado. Nesse ínterim, a relicitação era inexequível, de forma que não foi possível ao aeroporto localizado em Campinas no estado de São Paulo, à época, ter seu requerimento acolhido. Assim, não restou impedimento à Anac para instaurar processo de caducidade, o que ocorreu em fevereiro de 2018.

A concessionária fez o que pode para que o decreto fosse trazido à luz, chegando a ajuizar ação com pedido liminar pela definição de um prazo para que o poder concedente decidisse sobre seu enquadramento no regime de relicitação. A competência da decisão acabou recaindo ao Ministro Marco Aurélio, do STF, que negou a liminar em 30.4.2018. Sem visão de horizonte, Viracopos não teve saída senão a de pedir recuperação judicial, o que ocorreu em 6.5.2018, com acolhimento judicial no dia 23 do mesmo mês.

Até tal momento, o destino da concessão parecia estar cada vez mais distante do instituto de solução amigável. Todavia, tendo vida o decreto regulamentador em agosto 2019, foi possível editar um plano de recuperação judicial que previsse que a concessionária iria novamente requerer, em quinze dias após sua homologação judicial, a relicitação do empreendimento. O plano foi aprovado em fevereiro de 2020, tendo entre os credores votantes favoráveis a própria Anac. Destarte, foi estabelecido que a concessionária teria o prazo de sessenta dias para deixar o processo de recuperação judicial, contados da assinatura do termo aditivo.

---

[10] PLANO de recuperação judicial de Viracopos é aprovado em Assembleia Geral de Credores com proposta de relicitação. *Viracopos, Aeroportos Brasil*. Disponível em: http://www.viracopos.com/pt_br/noticias/plano-de-recuperacao-judicial-de-viracopos-e-aprovado-em-assembleia-geral-de-credores-com-proposta-de-relicitacao.htm. Acesso em: 21 jun. 2020.

[11] HEIN, Valéria. Com relicitação, ABV vê nova fase para Viracopos. *Portal CBN Campinas*, 19 fev. 2020. Disponível em: https://portalcbncampinas.com.br/2020/02/com-relicitacao-aprovada-concessionaria-preve-o-inicio-de-mais-uma-fase-desafiadora-para-viracopos/. Acesso em: 21 jun. 2020.

Essa mudança de cenário é forte indicativo do quão mais vantajoso para ambas as partes é buscar a relicitação.

Em cumprimento ao acordado, em março de 2020 foi apresentado o pedido, período em que também foi atravessado requerimento pela concessionária Inframérica, pelo empreendimento do aeroporto de São Gonçalo do Amarante, localizado no Rio Grande do Norte. Ambos os pedidos foram aprovados pela Anac em maio de 2020, como um primeiro passo à qualificação.[12] O Governo Federal, posteriormente, também procedeu com a aprovação da relicitação para Viracopos, em junho de 2020,[13] e em outubro do mesmo ano foi assinado o termo aditivo,[14] de forma que o processo de relicitação em si tem todos os indicativos de que, finalmente, não encontrará maiores óbices para sua concretização.

Outrossim, na área das concessões rodoviárias, também tem sido dado andamento a processos de relicitação, com o advento do tão aguardado decreto regulamentador. É o caso, por exemplo, da Rodovia BR-040, que corta o estado de Minas Gerais, ligando Brasília, no Distrito Federal, ao município mineiro de Juiz de Fora; a concessionária Invepar realizou, de forma pioneira, pedido de relicitação em agosto de 2019, logo após a publicação do decreto, quando havia passado três anos de sua administração, iniciada em 2014 e com previsão de duração por trinta anos.

A qualificação do empreendimento foi aprovada pela Agência Nacional de Transportes Terrestres (ANTT) em novembro de 2019, também tendo sido favoráveis as manifestações do Ministério da Infraestrutura e do CPPI até janeiro de 2020, quando já ficou oficializada para a sanção presidencial, o que ocorreu pelo Decreto nº 10.248/2020 no mês seguinte.

Nesse caso já houve, inclusive, assinatura de termo aditivo, no mês de novembro de 2020. Para elucidar melhor a exemplificação de características de um termo aditivo concretamente, uma das matérias

---

[12] KAFRUNI, Simone. Anac aprova a relicitação dos aeroportos de Viracopos e de Natal. *Correio Braziliense*, 26 maio 2020. Disponível em: https://www.correiobraziliense.com.br/app/noticia/economia/2020/05/26/internas_economia,858508/anac-aprova-a-relicitacao-dos-aeroportos-de-viracopos-e-de-natal.shtml. Acesso em: 21 jun. 2020.

[13] GOVERNO aprova condições de projeto para relicitação do Aeroporto de Viracopos. *G1*, 10 jun. 2020. Disponível em: https://g1.globo.com/sp/campinas-regiao/noticia/2020/06/10/governo-aprova-condicoes-de-projeto-para-relicitacao-do-aeroporto-de-viracopos.ghtml. Acesso em: 21 jun. 2020.

[14] CONCESSIONÁRIA assina termo aditivo de contrato e processo para relicitar Viracopos avança. *G1*, 16 out. 2020. Disponível em: https://g1.globo.com/sp/campinas-regiao/noticia/2020/10/16/concessionaria-assina-termo-aditivo-de-contrato-e-processo-para-relicitar-viracopos-avanca.ghtml. Acesso em: 27 fev. 2021.

por ele tratada foi o estabelecimento de que a prestação dos serviços de socorro médico e mecânico, manutenção, conservação e monitoração da BR-040, trecho entre Brasília (DF) e Juiz de Fora (MG), será mantida e garantida pela Via 040 pelo prazo de 24 meses, contados a partir da publicação do decreto presidencial.[15]

Interessante notar que na prática não se percebe bem uma divisão clara de etapas entre as duas primeiras fases da relicitação conforme supra-apresentado, de forma que, mesmo antes de oficializada a qualificação, a concessionária já dá andamento, com a agência, aos moldes do termo aditivo, justamente porque essa divisão de fato não é prevista formalmente, sendo utilizada para fins didáticos.

Com a aplicação da relicitação, o que se vê são duas fases práticas para o concessionário: período de análise do pedido, que se inicia com o requerimento e encerra-se com a celebração do termo aditivo, de forma que durante a qualificação ele já é discutido, com o objetivo de obter maior celeridade, mas sujeito, por óbvio, a não ser concretizado no caso de não ser aprovada a qualificação; e o período de transição, iniciado com o termo aditivo, em que a agência desenvolve os estudos técnicos, é realizada consulta pública, a documentação é analisada pelo TCU, até findar com a contratação da nova concessionária.[16]

Note-se que o prazo de dois anos, prorrogáveis pelo CCPI, considera como marco inicial a qualificação.

O modelo relicitatório vem sendo abraçado por outras concessões, como é o caso referente à principal rodovia do Mato Grosso do Sul, qual seja a BR-163, no qual a Concessionária CCR, que havia assinado contrato de parceria em 2014 com validade de trinta anos, pleiteou qualificação em janeiro de 2020.[17] Para esse caso, foram publicados pareceres favoráveis pelo Ministério da Infraestrutura, em outubro de 2020, e pela Comissão do PPI, em janeiro de 2021, permitindo que a renegociação avance para a deliberação da Presidência da República.[18]

---

[15] VIA040 ANTT assinam aditivo contratual da BR-040/DF/GO/MG. *VIA040*, 20 nov. 2020. Disponível em: http://via040.com.br/noticias/5/Servicos/50206/Via-040-e-ANTT-assinam-aditivo-contratual-da-BR040DFGOMG.html. Acesso em: 27 fev. 2021.

[16] CÂMARA DOS DEPUTADOS. Fiscalização Financeira – Relicitação da BR-040, trecho Brasília/Juiz de Fora – 11/12/19 – 10:28. *YouTube*, 11 dez. 2019. Disponível em: https://www.youtube.com/watch?v=XTHkzF1PwN4. Acesso em: 19 jun. 2020.

[17] CONCESSIONÁRIA propõe relicitação de reforma em BR-163. *Globoplay*, 30 jan. 2020. Disponível em: https://globoplay.globo.com/v/8282002/. Acesso em: 21 jun. 2020.

[18] FRIAS, Silvia. Comissão aprova relicitação da BR-163 e renegociação avança no Governo Federal. *Campo Grande News*, 21 jan. 2021. Disponível em: https://www.campograndenews.com.br/economia/comissao-aprova-relicitacao-da-br-163-e-renegociacao-avanca-no-governo-federal. Acesso em: 27 fev. 2021.

A tendência, assim, é que essa opção seja vista com crescente interesse, à medida que os primeiros casos forem se mostrando frutuosos, e sejam editadas resoluções pelas agências, estas que tem recebido do Poder Público maior autonomia, poder de decisão e valorização.

8 Essência da relicitação

Diante das explanações apresentadas, percebe-se o teor quase que revolucionário da relicitação para o setor da infraestrutura que alcança.

Até 2017, em todos os contratos de concessão, não existia um mecanismo legal de saída do contrato, de maneira que se o concessionário, por algum motivo, entrasse em dificuldade financeira, simplesmente não tinha a possibilidade de sair daquele negócio. O que ele podia fazer, então, era ou operar com prejuízo, ou descumprir o contrato, e, como penalização, ser alvo de caducidade. Como se sabe, em um sistema capitalista, permanecer no prejuízo não é uma opção adotada. Assim, a devolução da concessão, ao menos nos setores de aeroportos, rodovias e ferrovias, condicionada à não participação da nova licitação futura dessa mesma concessão, vem como verdadeira saída promissora para a efetiva concretização dos objetivos das parcerias.

O que a Lei nº 13.448/2017 permitiu, grosso modo, foi que a União recebesse de volta a concessão, mas, como ela não tem aptidão e viabilidade para assumir a administração do empreendimento durante um tempo, a legislação estabelece um regime de transição, para que o atual concessionário se mantenha por mais um tempo em operação até que seja feito um próximo leilão com a escolha do novo concessionário.

O que será feito nesse tempo é justamente fixado em termo aditivo. É necessário ter esse período transacional porque é necessário cumprir o procedimento próprio de uma licitação para a celebração do novo contrato de parceria, incluindo os estudos para definição, por exemplo, das obrigações a serem atribuídas ao novo concessionário.

A ideia é, basicamente, encontrar uma solução, no menor tempo possível, sem vias litigiosas, e com a continuidade da prestação dos serviços. As consequências práticas disso ainda serão observadas, porém a existência dessa alternativa já merece ser apoiada e esperançosamente recebida.

A devolução da concessão pela relicitação, portanto, é medida que, além de buscar resolver as atuais concessões problemáticas, traz maior segurança jurídica a futuros investimentos em projetos de concessões.

Referências

BRASIL. *Decreto nº 10.245, de 18 de fevereiro de 2020*. Disponível em: http://www.planalto. gov.br/ccivil_03/_ato2019-2022/2020/decreto/D10245.htm#:~:text=DECRETO%20 N%C2%BA%2010.245%2C%20DE%2018,que%20lhe%20confere%20o%20art. Acesso em: 19 jun. 2020.

BRASIL. *Decreto nº 8.791, de 29 de junho de 2016*. Disponível em: http://www.planalto. gov.br/ccivil_03/_Ato2015-2018/2016/Decreto/D8791.htm#art6. Acesso em: 19 jun. 2020.

BRASIL. *Decreto nº 9.957, de 6 de agosto de 2019*. Disponível em: http://www.planalto.gov. br/ccivil_03/_Ato2019-2022/2019/Decreto/D9957.htm. Acesso em: 19 jun. 2020.

BRASIL. *Lei nº 13.334, de 13 de setembro de 2016*. Disponível em: http://www.planalto.gov. br/ccivil_03/_ato2015-2018/2016/Lei/L13334.htm. Acesso em: 19 jun. 2020.

BRASIL. *Lei nº 13.448, de 5 de junho de 2017*. Disponível em: http://www.planalto.gov.br/ ccivil_03/_ato2015-2018/2017/lei/l13448.htm. Acesso em: 19 jun. 2020.

BRASIL. *Lei nº 8.987, de 13 de fevereiro de 1995*. Disponível em: http://www.planalto.gov. br/ccivil_03/leis/L8987compilada.htm. Acesso em: 19 jun. 2020.

BRASIL. *Lei nº 9.957, de 6 de agosto de 2019*. Disponível em: http://www.planalto.gov.br/ ccivil_03/_Ato2019-2022/2019/Decreto/D9957.htm. Acesso em: 19 jun. 2020.

BRASIL. *Medida Provisória nº 752, de 24 de novembro de 2016*. Disponível em: http://www. planalto.gov.br/ccivil_03/_ato2015-2018/2016/Mpv/mpv752.htm. Acesso em: 19 jun. 2020.

CÂMARA DOS DEPUTADOS. Fiscalização Financeira – Relicitação da BR-040, trecho Brasília/Juiz de Fora – 11/12/19 – 10:28. *YouTube*, 11 dez. 2019. Disponível em: https:// www.youtube.com/watch?v=XTHkzF1PwN4. Acesso em: 19 jun. 2020.

CONCESSIONÁRIA assina termo aditivo de contrato e processo para relicitar Viracopos avança. *G1*, 16 out. 2020. Disponível em: https://g1.globo.com/sp/campinas-regiao/ noticia/2020/10/16/concessionaria-assina-termo-aditivo-de-contrato-e-processo-para-relicitar-viracopos-avanca.ghtml. Acesso em: 27 fev. 2021.

CONCESSIONÁRIA propõe relicitação de reforma em BR-163. *Globoplay*, 30 jan. 2020. Disponível em: https://globoplay.globo.com/v/8282002/. Acesso em: 21 jun. 2020.

DIAS, Maria Tereza Fonseca. A mediação na Administração Pública e os novos caminhos para a solução de problemas e controvérsias no setor público. *Direito do Estado*, n. 151, 2016. Disponível em: http://www.direitodoestado.com.br/colunistas/maria-tereza-fonseca-dias/a-mediacao-na-administracao-publica-e-os-novos-caminhos-para-a-solucao-de-problemas-e-controversias-no-setor-publico. Acesso em: 20 jun. 2020.

FRIAS, Silvia. Comissão aprova relicitação da BR-163 e renegociação avança no Governo Federal. *Campo Grande News*, 21 jan. 2021. Disponível em: https://www.campograndenews. com.br/economia/comissao-aprova-relicitacao-da-br-163-e-renegociacao-avanca-no-governo-federal. Acesso em: 27 fev. 2021.

GOVERNO aprova condições de projeto para relicitação do Aeroporto de Viracopos. *G1*, 10 jun. 2020. Disponível em: https://g1.globo.com/sp/campinas-regiao/noticia/2020/06/10/ governo-aprova-condicoes-de-projeto-para-relicitacao-do-aeroporto-de-viracopos.ghtml. Acesso em: 21 jun. 2020.

HEIN, Valéria. Com relicitação, ABV vê nova fase para Viracopos. *Portal CBN Campinas*, 19 fev. 2020. Disponível em: https://portalcbncampinas.com.br/2020/02/com-relicitacao-aprovada-concessionaria-preve-o-inicio-de-mais-uma-fase-desafiadora-para-viracopos/. Acesso em: 21 jun. 2020.

JUNQUEIRA, André Rodrigues. Nova Lei das Concessões – A previsão de arbitragem na Lei federal nº 13.448/2017. *CBAr*. Disponível em: http://cbar.org.br/site/nova-lei-das-concessoes-a-previsao-de-arbitragem-na-lei-federal-n-13-4482017/. Acesso em: 20 jun. 2020.

KAFRUNI, Simone. Anac aprova a relicitação dos aeroportos de Viracopos e de Natal. *Correio Braziliense*, 26 maio 2020. Disponível em: https://www.correiobraziliense.com.br/app/noticia/economia/2020/05/26/internas_economia,858508/anac-aprova-a-relicitacao-dos-aeroportos-de-viracopos-e-de-natal.shtml. Acesso em: 21 jun. 2020.

OLIVEIRA NETTO, Pedro Dias de. *As parcerias público-privadas e os novos desafios do setor de infraestrutura*: crise econômica, ajuste fiscal, reequilíbrio contratual e perspectivas para o futuro. Rio de Janeiro: Lumen Juris, 2018.

PEDIDO de relicitação da BR-040/DF/GO/MG é recomendado para qualificação. *VIA040*, 13 jan. 2020. Disponível em: http://via040.com.br/noticias/4/Negocios/40196/Pedido-de-relicitacao-da-BR040DFGOMG-e-recomendado-para-qualificacao.html. Acesso em: 21 jun. 2020.

PINHEIRO, Armando Castelar. Momento de definição na infraestrutura brasileira. 2013. *In*: OLIVEIRA, Gesner; OLIVEIRA FILHO, Chysostomo de (Org.). *Parcerias público-privadas*: experiências, desafios e propostas. Rio de Janeiro: LTC, 2013.

PLANO de recuperação judicial de Viracopos é aprovado em Assembleia Geral de Credores com proposta de relicitação. *Viracopos, Aeroportos Brasil*. Disponível em: http://www.viracopos.com/pt_br/noticias/plano-de-recuperacao-judicial-de-viracopos-e-aprovado-em-assembleia-geral-de-credores-com-proposta-de-relicitacao.htm. Acesso em: 21 jun. 2020.

RIBEIRO, Maurício Portugal. A relicitação do Aeroporto de Viracopos e o Poder Judiciário. *Portal da Infra*, 15 maio 2018. Disponível em: https://www.agenciainfra.com/blog/a-relicitacao-do-aeroporto-de-viracopos-e-o-poder-judiciario/#_ftn2. Acesso em: 21 jun. 2020.

RICHTER, André. STF nega suspender lei de relicitação de ferrovias. *Agência Brasil*, 20 fev. 2020. Disponível em: https://agenciabrasil.ebc.com.br/justica/noticia/2020-02/stf-nega-suspender-lei-de-relicitacao-de-ferrovias. Acesso em: 21 jun. 2020.

VIANA, Pedro. Aprovada viabilidade técnica e jurídica para relicitação dos Aeroportos de Viracopos e de Natal. *AEROFLAP*, 26 maio 2020. Disponível em: https://www.aeroflap.com.br/aprovada-viabilidade-tecnica-e-juridica-para-relicitacao-dos-aeroportos-de-viracopos-e-de-natal/. Disponível em: 21 jun. 2020.

VIA040 ANTT assinam aditivo contratual da BR-040/DF/GO/MG. *VIA040*, 20 nov. 2020. Disponível em: http://via040.com.br/noticias/5/Servicos/50206/Via-040-e-ANTT-assinam-aditivo-contratual-da-BR040DFGOMG.html. Acesso em: 27 fev. 2021.

Informação bibliográfica deste texto, conforme a NBR 6023:2018 da Associação Brasileira de Normas Técnicas (ABNT):

PEREIRA, Débora Barbosa da Costa. O instituto da relicitação nos contratos de concessões do programa de parceria de investimentos: valorização da parceria no setor de infraestrutura brasileiro. *In*: CAVALCANTI, Juliana Tôrres de Vasconcelos Bezerra (Coord.). *Direito Administrativo*: temas atuais e relevantes. Belo Horizonte: Fórum, 2021. p. 103-123. ISBN 978-65-5518-179-1.

SOBRE OS AUTORES

Adiel Ferreira Jr.
Advogado e sócio do escritório AFJr Advocacia Empresarial. Especialista em Direito Administrativo pela PUC Minas. Professor universitário junto à Uninassu Caxangá. Coordenador do núcleo de Direito Administrativo da Escola Superior da Advocacia em Pernambuco. Membro da Comissão de Direito Administrativo da OAB-PE.

Bruno Santos Cunha
Mestre em Direito do Estado (Direito Administrativo) pela Universidade de São Paulo – USP (2014). Master of Laws (LL.M.) pela University of Michigan Law School (2017). Advogado, bacharel em Direito pela Universidade Federal de Santa Catarina – UFSC. Procurador do município do Recife. Professor universitário (Direito Constitucional e Administrativo). Membro da Comissão de Direito Administrativo e da Comissão de Advocacia Pública da OAB-PE.

Caroline Torres Lobato
Advogada. Doutora em Direito. Professora universitária. Tem experiência na área de Direito Público, especialmente nos ramos de Direito Administrativo, Regulatório e Econômico. Graduada em Direito pela Universidade Católica de Pernambuco (2008). Foi Conciliadora Federal (2009-2010), Assessora Jurídica Concursada do Estado de Pernambuco (2010-2011). Especialista em Direito Administrativo pela UFPE (2010). Mestra em Direito pela UFPE (2012). Doutora em Direito pela UFPE (2017). Atualmente, é advogada atuante, professora e pesquisadora na Graduação e Pós-Graduação em Direito da Universidade Católica de Pernambuco e outras IES. Presidente da Comissão de Direito Administrativo da OAB-PE. Membro do Geda – Grupo de Estudos e Direito Administrativo (Unicap).

Débora Barbosa da Costa Pereira
Advogada. Graduada em Direito pela Universidade Federal de Pernambuco. Pós-Graduada em Direito Administrativo, pelo Programa de Pós-Graduação em Direito da Universidade Federal de Pernambuco. Membro da Comissão de Direito Administrativo da Ordem dos Advogados do Brasil – Seccional de Pernambuco.

Flávio Germano de Sena Teixeira Júnior
Mestrando em Direito do Estado, Regulação e Tributação Indutora pela Universidade Federal de Pernambuco – UFPE. Advogado, bacharel em Direito pela Universidade Católica de Pernambuco – Unicap. Membro da Comissão de Direito Administrativo da OAB-PE.

Juliana Tôrres de Vasconcelos Bezerra Cavalcanti
Advogada. Presidente do Instituto Pernambucano de Direito Administrativo – IPDA. Vice-Presidente da Comissão de Direito Administrativo da OAB-PE. Secretária-Geral da Comissão de Direito do Estado do Instituto dos Advogados de Pernambuco – IAP. Diretora da *Revista Direito Hodierno*. Mestra em Direitos Fundamentais – Fadic. Especialista em Direito Administrativo – UFPE. Especialista em Direito Civil – UFPE. Professora do Programa de Pós-Graduação em Direito Administrativo da Universidade Federal de Pernambuco – PPGD/UFPE.

Pedro Dias de Oliveira Netto
Advogado. Doutorando em Direito pela Universidade Federal de Pernambuco (UFPE). Mestre em Direito pela UFPE. Membro da Comissão de Direito Administrativo da OAB-PE.

Esta obra foi composta em fonte Palatino Linotype, corpo 10
e impressa em papel Offset 75g (miolo) e Supremo 250g (capa)
pela Gráfica Laser Plus.